Stundenblätter
Die Französische Revolution

Ludwig Greber/Karl-Heinz Wurster

Stundenblätter
Die Französische Revolution

Sekundarstufe I

20 Seiten Beilage

Ernst Klett Stuttgart

Die Stundenblätter Geschichte/Gemeinschaftskunde werden herausgegeben von:
Prof. Gerhart Maier und Dr. phil. Hans Georg Müller

CIP-Kurztitelaufnahme der Deutschen Bibliothek

Greber, Ludwig:
Stundenblätter Die Französische Revolution :
Sekundarstufe I / Ludwig Greber ; Karl-Heinz Wurster. –
1. Aufl. – Stuttgart : Klett, 1980. & Beil.
(Stundenblätter Geschichte, Gemeinschaftskunde)
ISBN 3-12-927631-9
NE: Wurster, Karl-Heinz:

1. Auflage 1980

Satz: G. Müller, Heilbronn
Druck: Wilhelm Röck, Weinsberg
Einbandgestaltung: Zembsch' Werkstatt, München

Inhalt

I. Vorwort

Das Thema – Die Französische Revolution – ist in der vorliegenden Form als in sich geschlossene Unterrichtseinheit für die Sekundarstufe I konzipiert. Dies bedeutet aber nicht eine starre Festlegung des Lehrers auf eine bestimmte Abfolge von Stunden oder Unterrichtsschritten. Unter Verwendung insbesondere der vorgeschlagenen Alternativen und Ergänzungen kann die Unterrichtseinheit verändert oder erweitert werden: Grundsätzlich ist es möglich, aus jeder der gebotenen Unterrichtsstunden eine weitere Stunde zu konzipieren und so den Bedürfnissen der verschiedenen Lehrpläne, Schularten bzw. -stufen, des individuellen Unterrichts des Lehrers und der Kompetenz der Klassen gerecht zu werden.

Die Stundenblätter wollen konkrete Hilfen zur Unterrichtsvorbereitung anbieten, sie enthalten detaillierte Vorschläge zur Unterrichtsgestaltung. Die benötigten Materialien sind zum Teil abgedruckt, oder es wird auf sie hingewiesen.

Darüber hinaus versuchen die Stundenblätter, den fachwissenschaftlichen Hintergrund zu erhellen. Jeder Stunde ist eine Erörterung der didaktischen Funktion vorangestellt, in der fachwissenschaftliche Aspekte des jeweiligen Stundenthemas mit methodisch-didaktischen Überlegungen verbunden werden.

In der Verlaufsskizze wird der Gang des Unterrichts dargestellt; Alternativen, Ergänzungen und Exkurse sind jeweils am Ende eines Unterrichtsschrittes oder am Ende einer Unterrichtsstunde angegeben. Das Tafelbild stellt die Gesamtheit dessen dar, was im Laufe der Stunde an der Tafel festgehalten wurde. Die Stundenblätter im engeren Sinne, die als Beilage diesem Heft angeschlossen sind, ermöglichen eine erste Orientierung und können als direkte Unterlage für die Unterrichtsvorbereitung und -durchführung dienen.

II. Fachwissenschaftliche Aspekte des Themas

„Was there a French Revolution?“ – „Gab es überhaupt eine Französische Revolution?“ Alfred Cobban wollte seine Antrittsvorlesung in London 1954 unter dieser Überschrift halten (vgl. A. Cobban, The myth of the French Revolution, in: Die Französische Revolution, E. Schmitt [Hrsg.], Darmstadt 1973, S. 173). Mit Rücksicht auf die anwesenden französischen Freunde verzichtete er auf die Provokation und präzisierte: „What was the French Revolution?“ – „Was war die Französische Revolution?“ (ibd. S. 173). Dies ist unser Thema.

Das Wort Revolution ist aus den Naturwissenschaften entlehnt und zunächst als metaphorischer Begriff in der Geschichtswissenschaft verwandt worden. „Die neue, gegenüber früheren Auffassungen veränderte Bedeutung des Wortes pflegt man von dem Gespräch an zu datieren, das in der Nacht des 14. Juli zwischen Ludwig XVI. und dem Grafen Liancourt stattfand“ (vgl. I. Stephan, Wachstumskrise und Herrschaftsstrukturen. Die Französische Revolution, a. a. O., S. 76). Der Herzog erstattet dem König Bericht über den Sturm auf die Bastille. Die Antwort des Königs: „Aber das ist ja eine Revolte“ wird von dem Herzog korrigiert: „Nein, Majestät, das ist eine Revolution“ (vgl. Fragen an die Geschichte, 3, S. 135; Liancourt trägt bei verschiedenen Autoren unterschiedliche Titel).

„Revolutionen sind besondere Formen jenes Verlaufsprozesses, den wir als geschichtlichen Wandel bezeichnen ... Man spricht von politischem, gesellschaftlichem, kulturellem, zivilisatorisch-technischem Wandel“ (vgl. Th. Schieder, Theorie der Revolution, in: Revolution und Gesellschaft, Th. Schieder [Hrsg.], a. a. O. S. 13). Revolutionen sind gekennzeichnet durch die Beschleunigung der historischen Prozesse und Anwendung von Gewalt. Die Umwälzungen setzen in allen Bereichen ein. An der Spitze des politischen Systems werden die machtausübenden Eliten abgelöst, institutionelle und rechtliche Rahmen zerbrechen, neue werden errichtet. Die revolutionären Ereignisse greifen tief ins Leben der einzelnen ein, die neu etablierten Lebensformen können zu Errungenschaften werden, die lange beibehalten werden.
André Glucksmann, welcher die Bedeutung der Französischen Revolution für die folgende Zeit radikal hinterfragt, faßt den Verlauf von Revolutionen in dialektischen Schritten: „Die Geschichte der Revolutionen kann ... als die Geschichte der Massen erzählt werden, die sich geistig bilden (1. Etappe), sich in Angst erziehen (2. Etappe) und sich selbst disziplinieren (3. Etappe). Oder als die Iliade des Staates, der sein altes Regime verliert (1), in einer Krise verschwindet (2), deren Tiefe ihn um so rationaler und unerbittlicher wieder hervortreten läßt (3). Oder als Odyssee der Intellektuellen, die frei und anarchisch denken ..., deren Anarchie zu Blutvergießen führt (2), während die Angst sie zu Vernunft und zum Ordnungsprinzip finden läßt (3) (vgl. A. Glucksmann, Die Meisterdenker, Reinbek 1978, S. 138).
Mit seiner Antrittsvorlesung (s. o.) hat Cobban eine Debatte entfacht, die bis heute anhält. Die einzelnen Thesen der Fachwissenschaftler sind nicht zuletzt bedingt durch ihr politisches Selbstverständnis, und so bietet der Gegenstand „Französische Revolution“ ein „Musterbeispiel für eine weltanschaulich-ideologisch geprägte Geschichtsschreibung“ (vgl. E. Schmitt, Die Französische Revolution, in: Revolution und Gesellschaft, a. a. O., S. 66).

Von den verschiedenen Ansätzen der Forschung sollen nur die näher vorgestellt werden, welche das Konzept unserer Unterrichtseinheit besonders beeinflußten (eine vorzügliche Übersicht über den Stand der Forschung und deren verschiedene Ansätze gibt E. Schmitt, Einführung in die Geschichte der Französischen Revolution, a. a. O., S. 11–42; wir orientieren uns im folgenden hauptsächlich an diesen Kapiteln).

Die konservative Interpretation beginnt mit E. Burkes „Reflections on the Revolution", die schon 1790 erschienen sind. Burke bezog seine Informationen hauptsächlich von Emigranten. So zeichnet er ein positives Bild der Lage der Zeit vor 1789 und lehnt die revolutionären Umwälzungen ab. Die konservative Geschichtsschreibung orientiert sich bis heute an diesem Interpretationsmuster.
Für die bürgerlich-liberale Interpretation der Französischen Revolution ist die Neudefinition des Dritten Standes zur Nationalversammlung am 17. Juni 1789 der erste zentrale Akt der Revolution. Durch ihn wurde die ständische Gliederung aufgelöst und dagegen die Einheit der Nation proklamiert, wobei dem König das Gesetz des Handelns entrissen wurde. Die Erklärung der Menschen- und Bürgerrechte vom 26. August 1789 und die Verkündigung der Verfassung vom 3. September 1791 werden als Höhepunkte der Revolution betrachtet, die Jakobinerdiktatur jedoch abgelehnt. „Ich kann seit 14 Tagen keine französische Zeitung mehr lesen, so ekeln diese elenden Schindersknechte mich an" (Schiller, Ehrenbürger der Französischen Republik, nach der Hinrichtung des Königs; vgl. W. Müller-Seidel, Deutsche Klassik und Französische Revolution, in: R. Brinkmann u. a., Deutsche Literatur und Französische Revolution, Göttingen 1974, S. 43). Nur Kant hielt als einziger unter den Gebildeten in Deutschland der Revolution bis zum Schluß die Treue, denn „ein solches Phänomen in der Menschengeschichte vergißt sich nicht mehr" (vgl. H. Arendt, Über die Revolution, a. a. O., S. 158).
Von den liberalen Interpreten der Revolution werden besonders die Ideen der Aufklärung für den Ausbruch der Revolution herausgestellt. Im Gegensatz zur konservativen Kritik, die die Vorzüge des ancien régimes hervorhebt, wird nun aus bürgerlicher Sicht die mangelnde Legitimation der privilegierten Stände angeprangert.

Einige der bedeutendsten Revolutionshistoriker (z. B. J. Jaurès, A. Mathiez, G. Lefebvre, A. Soboul) sind der Gruppe der sozialistischen Interpreten zuzuordnen. Von dieser Gruppe von Historikern wurde die Bedeutung Robespierres wiederentdeckt, die Jakobinerdiktatur wird von manchen als erste Diktatur des Proletariats verstanden (Mathiez). Die Revolution wird als Klassenkampf, als Kampf der Bourgeoisie gegen den Feudaladel, verstanden, der dem Kapitalismus den Weg ebnete. Besonders rücken die Unterschichten ins Zentrum der Forschung, das Agens der Revolution wird der Masse der kleinen Produzenten zugeschrieben.

Das typisch Französische der Revolution wird mit den Schlagworten „Révolution de la Liberté", „Révolution de l'Egalité" und „Révolution de l'Unité" bezeichnet. Die bürgerlichen Freiheiten, die Gleichheit und die Einheit der Nation sind demnach bleibende Errungenschaften für das französische Volk. Fraternité, die dritte Maxime der Revolution, wird also durch Unité ersetzt. Wenn auch die Verbrüderung ausblieb, so versteht sich das französische Volk seit der Revolution als *eine* Nation.

In der marxistisch-leninistischen Tradition beschäftigte sich Marx selbst mit der Französischen Revolution im Zusammenhang mit seinen Studien über die Entfremdung. Die Erklärung der Menschen- und Bürgerrechte war ihm Beispiel für eine politische Emanzipation auf der Ebene des Staates, die aber allein die menschliche Emanzipation nicht bewirke, welche nur durch die Beseitigung des Privateigentums in einer proletarischen, nicht nur bürgerlichen Revolution zu verwirklichen sei. Sind für die bürgerlich-liberalen Interpreten die Ideen der Aufklärung die Hauptfaktoren für den Ausbruch der Revolution, so hat nach Marx das Klasseninteresse der Bourgeoisie die Revolution, aus der das Bürgertum siegreich hervorging, determiniert. Lenin verherrlichte die Französische Revolution, „weil sie es verstanden hat, zur Verteidigung ihrer Eroberungen die breiten Volksmassen zu mobilisieren (vgl. E. Schmitt, Einführung ..., a.a.O., S.29f.).

Die heutigen marxistischen Historiker, denen W. Markov zuzuordnen ist, sehen die Hauptursache für die Revolution in der Diskrepanz zwischen feudalabsolutistischem System und einer sozialen und ökonomischen Lage, die diesem System nicht mehr adäquat war. Die Revolution wird als Übergang von der feudalen Gesellschaftsform hin zum Kapitalismus verstanden, die Änderungen im Staatsaufbau, im Recht und in den herrschenden Ideen nach sich zog. Aus marxistisch-leninistischer Sicht ist so der Sturm auf die Bastille der Anfang der Revolution, die Jakobinerdiktatur wird als einer der Höhepunkte des Klassenkampfes gefeiert.

Den Historikern, die den strukturanalytischen Forschungs- und Interpretationsansatz verfolgen, sind A. Cobban, R. R. Palmer, D. Richet und F. Furet zuzurechnen. Ihr Ansatz läßt sich bis zu A. P. J. M. Barnave und A. de Tocqueville zurückverfolgen. Der Ansatz bedient sich einer Vielzahl von Fragestellungen der Sozial-, Wirtschafts- und Rechtswissenschaften. Man versucht bei der Bearbeitung der Quellen „die Motivationen der Träger und Trägergruppen einzelner Handlungen und Handlungsketten sowie Gruppenmentalität, Taktiken, Ziele, Programme, innere Konflikte, Koordinationsmethoden u.ä. zu ermitteln“ (vgl. E. Schmitt, Einführung ..., a.a.O., S.37). Richtungsweisende Forschungen haben F. Furet und D. Richet, die der Schule der „Annales“ angehören, vorgelegt. (Die Ergebnisse der Annales-Schule und ihre Methoden wurden von der Zunft der Historiker lange nicht beachtet, seit einigen Jahren kann eine zunehmende Rezeption beobachtet werden. Zur ersten Orientierung dient V. Rittner, Ein Versuch systematischer Aneignung von Geschichte: die „Schule der Annales“, in: Ansichten einer künftigen Geschichtswissenschaft, Bd. 1, I. Geiss und R. Tamchina [Hrsg.], München 1974, S.153–172. Weitere Angaben bei E. Schmitt, Einführung ..., a.a.O., S.38.)

Furet und Richet postulieren für das Jahr 1789 drei verschiedene Revolutionen, die nebeneinander abliefen, sich aber auch gegenseitig bedingten:

1. Die Revolution der Abgeordneten in Versailles
2. Die Revolution der klein- und unterbürgerlichen Schichten in den Städten
3. Die Revolution der Bauern in den Provinzen.

Als entscheidend wird die Sprengung des alten, ständisch verfaßten Staates angesehen und die daraus folgende Umstrukturierung des Staatswesens. Die Revolution wird nicht als heiße Phase im Klassenkampf verstanden. Die Unfähigkeit der Staatsführung des Ancien régimes, notwendige Reformen durchzusetzen und damit der finanziellen Misere Abhilfe zu schaffen, wird zu den Hauptfaktoren gerechnet, die den Ausbruch der Revolution mitbedingten.

Der Zusammentritt der Generalstände bot nach Furet und Richet den Eliten aller drei Stände die Möglichkeit, ihre Vorstellungen durchzusetzen. Diese hätten sich an einem Staatswesen orientiert, das von einer Elite geleitet wird, welche die Schichten, die sich durch Besitz und Bildung auszeichneten, hinter sich hatte. Die Phase des Krieges und des

Terrors werden nicht als Höhepunkte der Revolution, sondern als ein „Abkommen vom Wege" angesehen (vgl. F. Furet und D. Richet, Die Französische Revolution, a. a. O., S. 160ff.). Daß die Revolution diesen Irrweg einschlug, wird von Furet und Richet vor allem mit Faktoren, die in der Persönlichkeit des Herrschers verankert waren, begründet.

Bei der Behandlung der Faktoren, die zur Französischen Revolution führten, bedienen wir uns der Ergebnisse marxistisch-sozialistisch orientierter Forscher, ohne jedoch ihre Wertung zu übernehmen. Bei der Interpretation der Revolution schließen wir uns dem strukturanalytischen Forschungs- und Interpretationsansatz an. Hierbei werden besonders die Arbeiten von Furet und Richet berücksichtigt. Wir haben versucht, die vorliegenden Forschungsergebnisse zum Teil in Arbeitsblättern für die Sekundarstufe I aufzubereiten.
Die Sachverhalte, welche zum Ausbruch der Revolution führten, füllen den „Pool der revolutionären Faktoren" auf. Wir führen auf dem vorgeschlagenen Arbeitsblatt „Pool-Modell" einige Personen und Personengruppen auf, denen verschiedene Faktoren, die gegenläufig sein können, zugeordnet werden. Das Modell läßt die Ansätze, die zur Regulation möglich gewesen wären, erkennen. Durch sinnvolle Reformen hätte Abhilfe für die verschiedenen Mißstände geschaffen werden können, und der Pool der revolutionären Faktoren wäre nicht zum Auslöser der drei Revolutionen des Jahres 1789 geworden. Die Reformen konnten nicht durchgesetzt werden, es kam zu den drei Revolutionen. Im strukturanalytischen Modell (s. S. 12) wird dies durch die „führt zu"-Pfeile symbolisiert. Die drei Teilrevolutionen werden nun selbst zu revolutionsfördernden Faktoren, d. h. wir haben eine positive Rückkopplung zum Pool der revolutionären Faktoren. Der Pool wird größer, was durch einen Kreis mit größerer Fläche verdeutlicht wird, in den die Rückkopplungspfeile einmünden. Die drei Teilrevolutionen bedingen sich gegenseitig, was durch Verbindungspfeile ausgedrückt wird. (Die in Grundschrift gesetzten Teile werden in der 3. Stunde im 8. Unterrichtsschritt von den Schülern in das Modell eingefügt.)

Die revolutionären Umwälzungen werden weitergeführt. So ändert sich die Lage besonders der Bauern in der Nacht vom 4. bis 5. August (vgl. K. Griewank, Die Französische Revolution, a. a. O., S. 39f.). Die revolutionären Ereignisse in Paris wurden zum Vorbild lokaler Revolutionen in anderen Städten. Die Arbeit der Nationalversammlung führte zur Erklärung der Menschen- und Bürgerrechte und schließlich zur Verabschiedung der ersten Repräsentativverfassung des europäischen Kontinents mit größten Auswirkungen auf die Verfassungsgeschichte des 19. Jahrhunderts. (Am Schluß der 4. Stunde werden die halbfett gesetzten Textteile durch die Schüler in das strukturanalytische Modell eingesetzt.)

Die Terreurphase könnte nach diesem Schema als übermächtige Ausdehnung des Pools revolutionärer Faktoren verstanden werden (in unserem strukturanalytischen Modell müßte dies dann durch eine Kreisfläche, die sich immer mehr vergrößert, dargestellt werden). Die übermächtige Ausdehnung ist auf die positive Rückkopplung zurückzuführen, die dadurch charakterisiert ist, daß jeder revolutionäre Faktor wieder revolutionierend wirkt. Der einmal in Gang gesetzte Prozeß erhält sich selbst, ja, sorgt dafür, daß er immer heftiger abläuft. Das Anwachsen des Pools der revolutionären Faktoren ist damit parallel zu setzen mit den Regeln, die das Anwachsen von Masse und Macht bestimmen. „Machtausbreitung ist ein eigengesetzlicher Vorgang, nicht etwa weil Macht, wie Jakob Burckhardt es ausdrückte,

Strukturanalytisches Modell „Französische Revolution"

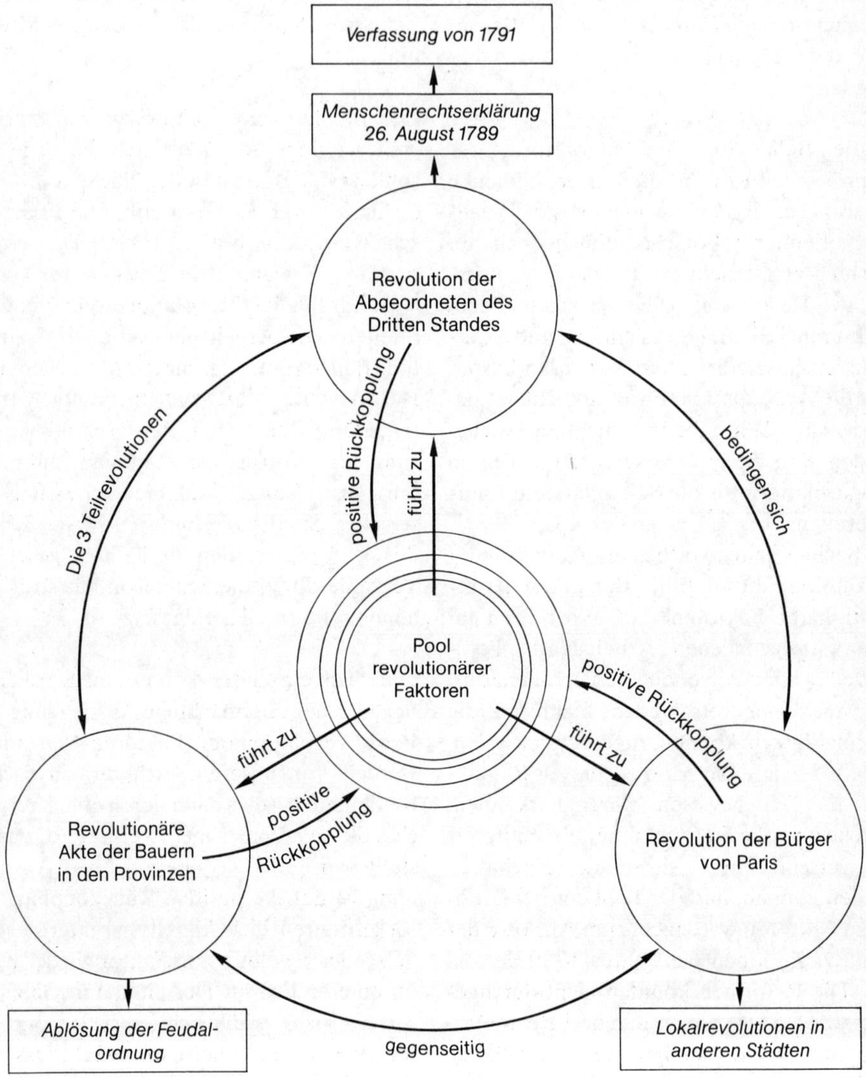

'ihrem Wesen nach böse sei ...', sondern weil Macht schlichtweg autokatalytischer Natur ist: Je mehr Kräfte sie in sich vereint, um so schneller breitet sie sich weiter aus ..." (vgl. M. Eigen und R. Winkler, Das Spiel, München [2]1976, S. 280). Und Canetti zählt zu den Haupteigenschaften der Masse neben Gleichheit und Dichte ihr Wachstum: „Die Masse will immer wachsen. Ihrem Wachstum sind von Natur aus keine Grenzen gesetzt ... Einrichtungen, die das Anwachsen der Masse ein für allemal verhindern könnten und die unbedingt sicher sind, gibt es nicht" (vgl. E. Canetti, Masse und Macht, Bd. 1, München [2]1976, S. 26).
Wie dem Verlauf der Revolution die Regeln, die Masse und Macht auszeichnen, inhärent sind, so sind sie in ihrem Abschluß vergleichbar: der gewaltsamen Entladung folgt ein jähes Ende. „Nur eine andere Macht ist imstande, Macht zu begrenzen und in ihrer Mächtigkeit zu erhalten, und dies besagt, daß das Prinzip der Gewaltenteilung, das eigentlich Machtteilung heißen sollte, nicht nur verhindert, daß ein Teil des Staatsapparats, etwa die Legislative oder die Exekutive, alle Macht an sich reißt und monopolisiert, sondern daß ein Gleichgewicht hergestellt ist, das es ermöglicht, überall neue Macht zu erzeugen, aber eben nicht auf Kosten anderer Machtquellen und Machtzentren" (vgl. H. Arendt, Über die Revolution, a.a.O., S. 197).

Wenn auch die Repräsentativverfassung von 1791 in Frankreich zunächst keinen Bestand hatte, so wurde mit ihr das Prinzip der Gewaltenteilung auf dem Kontinent zum ersten Mal verwirklicht, mit größten Auswirkungen für die Verfassungsgeschichte Europas.
In der Gesamtbeurteilung der Revolution schließen wir uns im wesentlichen den Ausführungen von F. Furet und D. Richet an. Die vorgelegte Unterrichtseinheit ist somit auch ein Versuch, Konzepte und Forschungsergebnisse der „Annales-Schule" für den Unterricht fruchtbar zu machen. Falls sich durch die notwendige didaktische Reduktion zu große und damit verfälschende Vereinfachungen ergeben haben, so sind diese nicht der Schule der „Annales" anzulasten, sondern von den Autoren zu verantworten. Wir sind dankbar für kritische Hinweise und Anregungen.

III. Didaktische Vorüberlegungen zum Thema „Französische Revolution"

1. Bedeutung und Eingrenzung des Themas

Die Französische Revolution ist eines der zentralen Themen des Geschichtsunterrichts, sie ist Standardthema in allen Lehrplänen für die Sekundarstufe I.

Es erscheint unmöglich, die Französische Revolution in ihrer Gesamtheit in *einem* wissenschaftlichen Werk darzustellen (vgl. dazu E. Schmitt [Hrsg.], Die Französische Revolution, Anlässe und langfristige Ursachen, a.a.O., S. VIII ff.). Das, was man gemeinhin vereinfacht und verkürzt „Französische Revolution" nennt, ist ein höchst komplexes Gebilde aus sich kreuzenden und überlagernden Faktoren wirtschaftlicher, sozialer, staatlicher, militärischer, geistiger und psychologischer Art.

Der Schluß liegt nahe, daß es unmöglich ist, dieses Thema im Unterricht – zumal der Sekundarstufe I – adäquat zu behandeln. In der Praxis bedeutet dies: radikale didaktische Reduktion, Beschränkung auf Momentaufnahmen, Konzentration auf einige Aspekte. Diese ausgewählten Aspekte werden in der folgenden Kurzbeschreibung der Einzelstunden charakterisiert.

In den beiden ersten Unterrichtsstunden wird die gesellschaftliche, politische und wirtschaftliche Lage dargestellt, die revolutionäre Situation analysiert.

Der Beginn der Revolution, einmal von der verfassungsgeschichtlichen Seite her, zum anderen von der Bewegung der städtischen und ländlichen Massen her, ist Thema der 3. Stunde.

Inhalt der 4. Unterrichtsstunde sind die ersten Erfolge der Revolution, die Prinzipien der Revolution – Freiheit, Gleichheit, Brüderlichkeit – und die Verfassung vom September 1791.

Die 5. Stunde nimmt einen anderen Strang der Revolutionsgeschichte auf; sie untersucht die Rolle und das Schicksal des Königs und der königlichen Familie; sie stellt das Gegenstück zur 9. Unterrichtsstunde über einen revolutionären Führer – Maximilien Robespierre – dar.

In der 6. Stunde werden die Änderungen in der Kriegführung und ihre Konsequenzen behandelt.

Die 7. Unterrichtsstunde ist einerseits das Pendant zur vorhergehenden Stunde – der Terror als Krieg gegen die inneren Feinde der Revolution –, andererseits werden in ihr massenpsychologische Phänomene angesprochen.

Die 10. Stunde dient der Wiederholung, der Reflexion und Diskussion des vorher Behandelten, sie versucht, eine Art Fazit zu ziehen, wobei die revolutionären Veränderungen, die den Inhalt der 8. Stunde bilden, nochmals reflektiert werden.

2. Didaktische Vorentscheidungen

Im folgenden werden die Voraussetzungen für das didaktische Konzept dieser Unterrichtseinheit dargestellt.

Die Unterrichtseinheit enthält sozialgeschichtliche und wirtschaftsgeschichtliche, sozialpsychologische, verfassungshistorische und ideengeschichtliche Elemente. Sowohl der strukturgeschichtliche als auch der personengeschichtliche Ansatz ist repräsentiert (vgl. J. Kocka, Geschichte, München 1976, S. 89 ff.).

Von der bei diesem Thema naheliegenden Möglichkeit des Gegenwartbezugs wird nur sehr zurückhaltend Gebrauch gemacht. Es soll dem Lehrer überlassen bleiben, in Einzelstunden oder für die gesamte Unterrichtseinheit aktuelle Bezüge herauszuarbeiten.

Die Unterrichtseinheit ist weder durchgehend chronologisch noch thematisch strukturiert, beide Strukturierungsmerkmale sind miteinander verbunden (vgl. W. D. Behschnitt, Die Französische Revolution, in: Politische Bildung 10/77, Heft 3, S. 119). Das Grundmuster der Einzelstunden besteht aus den drei Phasen: 1. Motivation bzw. Problemstellung, 2. Problemlösung oder Erarbeitungsphase, 3. Ergebnissicherung, Reflexion, Transfer (vgl. W. Hug, Geschichte lehren und lernen, Frankfurt 1977, S. 101 f.). Von diesem Grundschema ausgehend wird innerhalb der Einzelstunden und zwischen den Unterrichtsstunden variiert. Diese Variationen werden erreicht durch Veränderung im Ablauf der Stunde, in den Unterrichtsformen – Lehrervortrag, Unterrichtsgespräch, Schülerreferat, Einzel- und Gruppenarbeit und in der Art der Unterrichtsmaterialien – Lehrbuchdarstellung, schriftliche Quelle, Hektographie, Karte, Tonband, Folie, Bild, Dia und Film.

3. Lernziele

Die im folgenden aufgelisteten Lernziele stellen die wesentlichen Zielsetzungen der gesamten Unterrichtseinheit dar. Sie sind in den Einzelstunden dem jeweiligen Thema zugeordnet und dort präzisiert und konkretisiert. Instrumentelle Lernziele werden nicht genannt, auf eine Katalogisierung von Begriffen wurde ebenfalls verzichtet (vgl. insbesondere zu Lernzielen und Begriffskatalog – W. D. Behschnitt, a. a. O., S. 114 ff.; P. Lautzas, Die Französische Revolution, Freiburg 1977, S. 93 ff.; K. Büchsenschütz, Die Französische Revolution, in: W. Schäfer, Geschichte in der Schule, Stuttgart 1976, S. 286 ff.; Vorläufige Richtlinien und Lehrpläne für das Gymnasium – Sekundarstufe I in Nordrhein-Westfalen: Geschichte, S. 33 ff.).

Die Schüler erkennen,

a) daß Frankreich in der Zeit vor 1789 ständisch gegliedert war
b) daß die wirtschaftliche Lage durch Armut breiter Bevölkerungsschichten gekennzeichnet war
c) daß die soziale Lage durch starke Spannungen, die aus der ungleichen Vermögens-, Macht- und Privilegienverteilung resultieren, charakterisiert war
d) daß die Revolution unvermeidlich war, da rechtzeitige Reformen nicht durchgesetzt wurden
e) daß die Revolution in drei Bereichen einsetzte, im Bereich der Verfassung (Generalstände), im Bereich der städtischen Massen (Paris) und im Bereich der ländlichen Bevölkerung (Revolution der Bauern)
f) daß die ersten und wichtigsten Erfolge der Revolution auf dem Gebiet der Verfassung und der Menschenrechte erreicht wurden
g) daß der Abstieg des Königs vom obersten Repräsentanten des Ancien régime zum Delinquenten wesentliche Elemente des Verlaufs der Revolution symbolisierte
h) daß der Krieg gegen die Feinde der Republik eine neue Qualität kriegerischer Auseinandersetzung mit sich brachte
i) daß die Revolution sich radikalisierte und eine Phase des Terrors durchlief
j) daß der Revolutionär Robespierre die führende Persönlichkeit in dieser Phase war und daß es schwierig ist, ihn zu beurteilen
k) daß die Revolution alle wesentlichen Bereiche des gesellschaftlichen, politischen und geistigen Lebens umfaßte

l) daß sich der revolutionäre Wandel in Phasen vollzog und so dargestellt werden kann
m) daß durch die Feststellung Napoleons von der Beendigung der Revolution der Prozeß der Revolution abgeschlossen worden ist
n) daß aber Entwicklungen und Ideen der Revolution beibehalten und zum Teil fortgeführt wurden.

Die Schüler beurteilen
a) die charakteristischen Merkmale einer revolutionären Situation
b) die Problematik der Gewaltanwendung in einer Revolution
c) die Bedeutung von Masse und Einzelpersonen in der Geschichte
d) die Bedeutung des Wendepunktcharakters der Revolution
e) die Bedeutung der revolutionären Errungenschaft für die weitere historische Entwicklung.

IV. Ausgewählte Literatur

1. Fachwissenschaftliche Literatur

H. Arendt, Über die Revolution, München ^{2}1974

H. Arendt, Macht und Gewalt, München 1970

L. Bergeron, F. Furet, R. Koselleck, Das Zeitalter der europäischen Revolution (Fischer Weltgeschichte, Bd. 26), Frankfurt 1969

M. Braubach, Von der Französischen Revolution bis zum Wiener Kongreß. Gebhardt, Handbuch der deutschen Geschichte, Bd. 14, München ^{2}1976 (dtv WR 4214)

A. Castelot, Marie-Antoinette, München ^{2}1977

A. Cobban, The social interpretation of the French Revolution, Cambridge 1964

V. Cronin, Ludwig XVI. und Marie-Antoinette, Bergisch-Gladbach 1977

W. Durant und A. Durant, Am Vorabend der Französischen Revolution (Kulturgeschichte der Menschheit, Bd. 16), München 1976

E. Elze, K. Repgen, Studienbuch Geschichte, Stuttgart 1974

P. Fischer (Hrsg.), Reden der Französischen Revolution, München 1974

P. Fischer (Hrsg.), Babeuf. Der Krieg zwischen Reich und Arm, Berlin 1975

F. Furet und D. Richet, Die Französische Revolution, Frankfurt 1968

P. Gaxotte, Die Französische Revolution, Bergisch-Gladbach 1977 (1. Aufl. 1949)

I. Geiss (Hrsg.), Alexis de Tocqueville und das Zeitalter der Revolution, München 1972

I. Geiss (Hrsg.), Geschichte griffbereit, Bd. 1 Daten, Bd. 2 Personen, Bd. 6 Epochen, Reinbek/Hamburg 1979

Geschichtliche Grundbegriffe. Historisches Lexikon zur politisch-sozialen Sprache in Deutschland. Bd. 1. Stuttgart 1972; Bd. 2. Stuttgart 1975. *Darin:* Brüderlichkeit: S. 552–581; Freiheit: S. 425–542; Gleichheit: S. 997–1046

M. Göhring, Geschichte der Großen Revolution, 2 Bde., Tübingen 1950–1951

W. Grab (Hrsg.), Die Französische Revolution, München 1973

W. Grab, Die Debatte um die Französische Revolution, München 1975

W. Grab (Hrsg.), Freyheit oder Mordt und Todt. Revolutionsaufrufe deutscher Jakobiner, Berlin 1979

K. Griewank, Die Französische Revolution, Köln/Wien ^{6}1975

W. Hinck (Hrsg.), Geschichte im Gedicht. Texte und Interpretationen (Protestlied, Bänkelsang, Ballade, Chronik). Frankfurt 1979

E. J. Hobsbawm, Europäische Revolutionen, Zürich 1962

R. Koselleck, Vergangene Zukunft. Zur Semantik geschichtlicher Zeiten, Frankfurt/M. 1979

W. Markov, Volksbewegungen der Französischen Revolution, Frankfurt 1976

W. Markov, A. Soboul, 1789. Die Große Revolution der Franzosen, Köln 1977

E. Naujoks, Die Französische Revolution und Europa, Stuttgart 1969

G. Pernoud und S. Flaissier, Die Französische Revolution in Augenzeugenberichten, Düsseldorf 1962 (Tb-Ausgabe: dtv Bd. 1190, München 1976)

G. Rudé, Die Massen in der Französischen Revolution, München/Wien 1961

Th. Schieder, Theorie der Revolution, in: Th. Schieder (Hrsg.), Revolution und Gesellschaft. Theorie und Praxis der Systemveränderung, Freiburg 1973

E. Schmitt, Die Französische Revolution. Anlässe und langfristige Ursachen, Darmstadt 1973
E. Schmitt, Die Französische Revolution, in: Th. Schieder (Hrsg.), Revolution und Gesellschaft. Theorie und Praxis der Systemveränderung, Freiburg 1973
E. Schmitt (Hrsg.), Die Französische Revolution, Köln 1976
E. Schmitt, Einführung in die Geschichte der Französischen Revolution, München 1976
P. Sethe, Die großen Tage. Von Mirabeau zu Bonaparte, München 1965
A. Soboul, Die Große Französische Revolution (2 Bde.), Frankfurt 1973
A. Soboul, Französische Revolution und Volksbewegung: die Sansculotten (W. Markov, Hrsg.), Frankfurt/M. 1978 (Tb-Ausgabe)
I. Stephan, Wachstumskrisen und Herrschaftsstrukturen. Die Französische Revolution, in: I. Geiss und R. Tamchina (Hrsg.), Ansichten einer künftigen Geschichtswissenschaft 2, München 1974, S. 76–102
E. Weis, Frankreich von 1661 bis 1789, in: Fritz Wagner (Hrsg.), Europa im Zeitalter des Absolutismus und der Aufklärung (Handbuch der Europäischen Geschichte, Bd. 4), Stuttgart 1968

2. Quellensammlungen und Arbeitsmaterialien

W. D. Behschnitt, Die Französische Revolution, Quellen und Darstellungen, Stuttgart 1978 (Klett)
H. Francke, Vom Westfälischen Frieden bis zum Wiener Kongreß (Geschichtliche Quellenhefte), Frankfurt (Diesterweg)
P. Hartig, Die Französische Revolution (Quellen- und Arbeitshefte zur Geschichte und Politik), Stuttgart (Klett)
P. Hartig, Die Französische Revolution im Urteil der Zeitgenossen und der Nachwelt (Quellen- und Arbeitshefte zur Geschichte und Politik), Stuttgart (Klett)
W. Kleinknecht, u.a. Handbuch des Geschichtsunterrichts, Band IV, Frankfurt (Diesterweg)
H. Krieger, Grundzüge der Geschichte, Band 3 (von der Zeit des Absolutismus bis zum Jahr 1890), Frankfurt (Diesterweg)
P. Lautzas, Die Französische Revolution, Freiburg/Würzburg 1977 (Ploetz)
H. Meyer, W. Langenbeck, Weltgeschichte im Aufriß, Arbeits- und Quellenbuch Band III, Von der Französischen Revolution bis zur Gegenwart, Frankfurt (Diesterweg)
U. F. Müller (Hrsg.), Die Französische Revolution. Lesewerk zur Geschichte, Bd. 6, München (Goldmann)
G. Pernoud und S. Flaissier, Die Französische Revolution in Augenzeugenberichten, München (dtv)
K. H. Peter (Hrsg.), Briefe zur Weltgeschichte, München 1964 (dtv)
F. Pietzker (Hrsg.), Revolutionen des Bürgertums, Frankfurt 1975 (Diesterweg)
W. Ripper, E. Kaiser, W. Langenbeck, Weltgeschichte im Aufriß, Bd. 2, Von der bürgerlichen Revolution bis zum Imperialismus, Frankfurt 1976 (Diesterweg)
R. Stielow, Die Bürgerlichen Revolutionen, Frankfurt (Diesterweg)
Zeitbild. 1789–1794. Das historische Nachrichtenmagazin, H. E. Hausner (Hrsg.), Wien/Heidelberg 1977 (Ueberreuter)

3. Lehrbücher

Damals und heute, Ausgabe D, Band 4, und Ausgabe C, Band 2 (Klett)
Die Reise in die Vergangenheit, Band 3 (Westermann)

Fragen an die Geschichte, Band 3 (Hirschgraben)
Geschichtliche Weltkunde, Band 2 (Diesterweg)
Kletts Geschichtliches Unterrichtswerk, Ausgabe C, Band 3: Das Werden des nationalen Staates (Klett)
Menschen in ihrer Zeit, Band 3 (Klett)
Spiegel der Zeiten, Band 3 (Diesterweg)
Zeiten und Menschen, Band B 3 (Schöningh)

4. Lehrerbegleithefte und Lehrerhandbücher

W. D. Behschnitt, Die Französische Revolution, in: Politische Bildung 10/1977, Heft 3 (Klett)
K. Büchsenschütz, Die Französische Revolution, in: W. Schäfer, Geschichte in der Schule, Stuttgart 1976 (Klett)
H. Diere u.a., Unterrichtshilfen, Geschichte Klasse 7, Berlin-Ost 1977(VEB)
H. Ebeling/W. Birkenfeld, Die Reise in die Vergangenheit, Band 2 – Lehrerausgabe – (Westermann)
Elemente zur Unterrichtsplanung zu Band 4 Damals und heute – Ausgabe D – (Klett)
Geschichtsunterricht, Inhalte und Ziele, Beiheft zur Zeitschrift GWU, Stuttgart 1974 (Klett), Hrsg. J. Rohlfes und K. E. Jeismann
H. Heumann, Problemorientierter Geschichtsunterricht, Frankfurt (Diesterweg)
W. Hug, Geschichte lehren und lernen, Frankfurt 1977 (Diesterweg)
Informationen zur Politischen Bildung, Heft 163/1975, Das 19. Jahrhundert 1 (Monarchie, Demokratie, Nationalstaat)
J. Kocka, Geschichte, München 1976 (Bayer. Schulbuchverlag)
H. Krieger, Geschichtsunterricht heute, Band 3, Frankfurt (Diesterweg)
A. Kuhn, Die Französische Revolution, München 1975 (Kösel)
Lehrerbegleitheft zu: Damals und Heute – Allgemeine Ausgabe C, Band 3 (Klett)
R. Reichhardt, Die modernen Revolutionen II: Die Französische Revolution in: Funkkolleg Geschichte, Studienbegleitbrief 8, S.48ff.
H. D. Schmid (Hrsg.), Fragen an die Geschichte, Lehrerbegleitband 3, Frankfurt (Hirschgraben)
E. Schmitt, H. Volkmann, Absolutismus und französische Revolution, Schüler- und Lehrerheft, München (Oldenbourg)
H. Sproll, Lernziele und Lernschritte, Handreichungen für den Lehrer, Heft 3, Frankfurt (Diesterweg)

5. Dia-Reihen, Filme, Tonbänder, Folien, Schallplatten

Dia-Reihen:
Die Französische Revolution; Jünger Verlag
Die Französische Revolution; Stoedtner Verlag
Das Zeitalter der Französischen Revolution; V-DIA Verlag
Die Französische Revolution; Westermann Verlag
Frankreich zwischen Ludwig XIV. und der Revolution, FWU

Filme:
Am Anfang war die Revolution
Freiheit, Gleichheit, Nationalismus

Folien:
Die Französische Revolution 1. Phase (bis zur Verfassung von 1791)
Die Französische Revolution 2. Phase (von 1791 bis zum Direktorium), Erich Schmidt Verlag

Tonbänder: Reihe/Die Französische Revolution

Die alte Ordnung funktioniert nicht mehr/Das Volk wird souverän (Tb 2267, FWU)
Die Grenzen der Freiheit und Gleichheit/Das Königtum wird abgeschafft (Tb 2268, FWU)
Der Staat der Tugend und des Schreckens/Das Erbe der Revolution (Tb 2269, FWU)

Schallplatte:
Chants Patriotiques (Marseillaise und andere Lieder der Revolution), Polyglotte

6. Atlanten

Atlas zur Geschichte; Cornelsen-Velhagen & Klasing-Verlag
Atlas zur Weltgeschichte; Klett-Verlag
dtv-Atlas zur Weltgeschichte, Band 2
dtv-Perthes-Weltatlas, Band 12: Europa
Großer Historischer Weltatlas; Bayerischer Schulbuchverlag
Neuer Geschichts- und Kulturatlas; Atlantik-Verlag
Putzger, Historischer Atlas; Velhagen & Klasing-Verlag
Völker, Staaten und Kulturen; Westermann-Verlag
Wandkarte Paris/Sonderkarte Innere Stadt; Westermann-Verlag

V. Beschreibung der Einzelstunden

1. Stunde: Das französische Volk am Beginn der Revolution

Zur didaktischen Funktion:

Vorstellung des Themas. Erstellen eines Fragehorizonts. Der Beginn einer neuen Unterrichtseinheit ist für Lehrer und Schüler Wagnis und Chance. Gelingt es, den Horizont der Probleme aufleuchten zu lassen? Ergibt sich eine Organisation der Fragestellung, die einen Bezugsrahmen schafft, welcher die ganze Einheit gleichsam zusammenhält? Schließlich: wird das Interesse der Schüler so geweckt, daß es sich über die dadurch hervorgerufene intensive und dauerhafte Beschäftigung mit dem historischen Gegenstand in Erkenntnis umsetzt?
Bei der Wahl des Einstiegs wird man Leistungsstand und -möglichkeit der Klasse, die in vorangegangenen Unterrichtseinheiten gewonnenen Erfahrungen und die Ziele, die man mit der Unterrichtseinheit verfolgt, besonders reflektieren.
Im folgenden sollen verschiedene Möglichkeiten des Einstiegs vorgestellt und diskutiert werden.

1. Aufnehmen einer aktuellen revolutionären Situation

Der Lehrer läßt die Schüler Zeitungs- und Illustriertenberichte zu einer revolutionären Umwälzung in einem Land sammeln. Die Berichte werden ausgewertet, man versucht, Charakteristika einer Revolution zu finden. Die Schüler versuchen eine vorläufige Definition für „Revolution" zu erarbeiten. Der so erstellte Definitionsrahmen wird zum Ausgangspunkt, sich mit einer vergangenen Revolution zu beschäftigen.

Günstig an diesem Ansatz ist der Ausgang von einer aktuellen, die Schüler oft hoch motivierenden Situation. Schwierigkeiten bieten:

a) der heterogene Informationsstand der Klasse, da Schüler der Sekundarstufe I in der Regel sich nur zum Teil mit politischen Vorgängen beschäftigen;
b) die Strukturmerkmale einer Revolution müssen an einem noch nicht abgeschlossenen historischen Vorgang erarbeitet werden. Die Wertung der Revolution (z.B. Kommentare in Zeitungen) sind von diesen Vorgängen abhängig und divergieren stark;
c) das auszuwertende Material bleibt sporadisch, ist stark von den aktuellen Ereignissen bestimmt und läßt nur schwer eine Gesamtbewertung zu;
d) die Beschäftigung mit der aktuellen Situation erhält eine Eigendynamik. Die dabei aufgewendete Zeit steht für die Behandlung des historischen Gegenstandes nicht mehr zur Verfügung;
e) ein nur kurz aufgenommenes Beispiel läßt den Zusammenhang mit der darauffolgenden Unterrichtseinheit vermissen und führt nicht unbedingt zu einer erkenntnisleitenden Fragestellung für die ganze Unterrichtseinheit.

2. Einstieg mit der Terrorphase der Revolution

Dieses Vorgehen erzeugt eine sehr hohe Aufmerksamkeit der Schüler. Die Schüler können dadurch besonders motiviert werden, herausfinden zu wollen, wie es zu dieser Phase gekommen ist. Es besteht aber die Gefahr, die Schüler zu verwirren, da der chronologische Rahmen, der durch den Geschichtsunterricht der Sekundarstufe I erst konstitu-

iert werden muß, noch nicht vorhanden ist. Dieser Schwierigkeit kann durch Vorgabe einer sorgfältig ausgearbeiteten Chronologie der Ereignisse abgeholfen werden.
Weiter ist zu bedenken, daß die Bereitschaft der Schüler für eine Beschäftigung mit den Problemen der gesamten Unterrichtseinheit auf dem hohen Motivationsniveau, welches durch einen solchen Einstieg erzeugt wird, vielleicht nicht gehalten werden kann, das Interesse vielmehr kontinuierlich zurückgeht und so für die Bearbeitung der gesamten Unterrichtseinheit nicht fruchtbar gemacht werden kann. Besonders problematisch erscheint uns, daß ein zentrales Thema der Revolutionsgeschichte – die Anwendung von Gewalt – durch ein solches Vorgehen verfrüht aufgenommen wird und die Faktoren, die zur Phase des Terrors führten, nicht hinreichend mitreflektiert werden können. Das Problem der Gewaltanwendung als Mittel der Politik zur Leitfrage einer Unterrichtseinheit zu machen, halten wir für die Behandlung einer Revolution im Unterricht der Oberstufe für angemessen und fruchtbar. Für die Sekundarstufe I ist dieser Ansatz jedoch zu abstrakt. Die Absicht, die Behandlung der Terrorphase zum Erzeugen eines hohen Motivationsniveaus einzusetzen, dürfte daher in der Sekundarstufe I rein deklamatorischen Wert haben; geradezu gefährlich könnte sich der Appell an die in dieser Zeit der Entwicklung besonders sensible emotionale Schicht der Persönlichkeit der Schüler auswirken, da bei ihnen die Fähigkeit zur rationalen Verarbeitung von Problemen zum Teil noch unterentwickelt ist.
Das Prinzip der „reduzierten Chronologie", dem zufolge man „ebensogut auf dem Höhepunkt eines Ereignisses oder eines Ablaufs oder mit dem Ergebnis einsetzen und die Vorgeschichte oder den Ablauf nachholen" kann (vgl. Heinz Dieter Schmid, Entwurf einer Geschichtsdidaktik der Mittelstufe, GWU, 21, 1970, S. 340–363, hier zitiert nach: Anmerkungen und Argumente 1.1, S. 219), welches in anderen Bereichen mit großem Erfolg angewendet wird, erscheint uns ebenfalls aus den oben genannten Gründen für diese Unterrichtseinheit als problematisch.

3. Man geht vom Kenntnisstand der Schüler aus

(paralleler Ansatz findet sich bei: Karl Büchsenschütz, Unterrichtsbeispiele für die Sekundarstufe: Reform, Revolution, Restauration, in: Walter Schäfer, Geschichte in der Schule, Stuttgart 1976, S. 274 ff.)
Dieser Einstieg wird von uns in der ersten Stunde gewählt. Hier werden daher nur die Grundzüge genannt. Ein Ausgehen vom konkreten Wissensstand und Fragehorizont der Schüler ermöglicht dem Lehrer, den Unterricht zusammen mit den Schülern zu konzipieren. Die Gefahr einer Fremdbestimmung der Schüler dürfte bei diesem Vorgehen sehr gering sein, die Möglichkeit, zu hohe oder auch zu niedrige Erwartungen an die Schüler heranzutragen, wird weitgehend ausgeschlossen. Die Assoziationsfelder, die durch die Beiträge der Schüler konzipiert werden, ermöglichen eine schülergerechte Hypothesenbildung. Diese bleibt notwendigerweise fragmentarisch und vorläufig. Durch die Beschäftigung mit der Revolutionsgeschichte werden die Hypothesen zum Teil bestätigt, zum Teil korrigiert. Am Schluß der Unterrichtseinheit kann dann ein endgültiger Definitionsversuch unternommen werden, der mit Definitionen in Lehrbüchern und Lexika konfrontiert werden kann.
Die anschließend formulierten Leitfragen bieten die Möglichkeit, beim Lernen Schlüssel für Problemkomplexe zu gewinnen, andererseits einen Begriffsrahmen für die gesamte Einheit zu schaffen.
Schwierigkeiten gibt es bei Klassen mit geringem Kenntnis- und Leistungsstand. Die Beiträge der Schüler sind zu dürftig, um zu einer Definition zu gelangen, die als Arbeits-

hypothese dienen könnte. Die Fähigkeit, Fragen zu stellen, ist bei diesen Klassen zusätzlich oft unterentwickelt.
Während sich bei leistungsstarken Klassen Unterrichtsschritt 1 (mit angebotenen Alternativen) leicht zu einer halben bis ganzen Stunde, von der aus die Einheit konzipiert wird, ausgeweitet werden kann, empfiehlt es sich, in leistungsschwachen Klassen nach einer kurzen Vorstellung des Themas unmittelbar Unterrichtsschritt 2 folgen zu lassen.
Bei der Behandlung des Absolutismus lenkt die Herausbildung königlicher Macht und ihrer Organe die Unterrichtsgestaltung (vgl. Gerhart Maier, Hans Georg Müller: Stundenblätter Der Absolutismus, Stuttgart 1979).
Schwerpunkte bilden dabei die Selbstdarstellung absolutistischer Macht am Hof und der Aufbau der höfischen Gesellschaft. In dieser Unterrichtseinheit wird die Mannigfaltigkeit der Bevölkerungsgruppen in Frankreich vor der Revolution thematisiert. In Unterrichtsschritt 2–6 sollen den Schülern detaillierte Kenntnisse zum Bevölkerungsaufbau, speziell des Dritten Standes, vermittelt werden.
Folgende Gesichtspunkte bestimmen den Unterrichtsverlauf:
- Vorläufige Definition des Begriffs „Revolution". Erstellen von Leitfragen.
- Betrachtung einer Karikatur. In ihr werden wesentliche Momente der Beziehung der 3 Stände erfaßt.
- Die gewonnenen Ergebnisse werden anhand von Daten zur Bevölkerung präzisiert und erweitert.
- Durch Umsetzen der Daten in ein Kreisdiagramm wird das gerade Erarbeitete gefestigt. Dabei ergibt sich für den Schüler ein einprägsames Bild der bis jetzt abstrakt gebliebenen Zahlenverhältnisse.
- Über ein Unterrichtsgespräch werden konkrete und differenzierte Angaben zur sozialen Struktur den Schülern vermittelt. Somit wird eine weitere Veranschaulichung erreicht.
- Angaben zur unterschiedlichen sozialen Schichtung auf dem Land und in den Städten beschließen die Stunde.

Ziele der Stunde:

Die Schüler erkennen,
- daß die französische Gesellschaft am Beginn der Revolution ständisch gegliedert war
- daß die drei Stände unterschiedlich große Bevölkerungsgruppen umfaßten
- daß die einzelnen Stände selbst sehr heterogen strukturiert waren
- daß die Mehrheit der Bevölkerung eine privilegierte Minderheit trug
- daß die meisten Leute auf dem Lande wohnten.

Die Schüler erarbeiten
- eine vorläufige Definition des Begriffs Revolution
- Leitfragen zur Behandlung des konkreten Themas Französische Revolution:
  Welche Faktoren führen zum Ausbruch der Revolution?
  Wie verläuft die Revolution?
  Welches sind besonders wichtige Ereignisse?
  Welche Personen tragen die Revolution?
  Welche Veränderungen ergeben sich durch die Revolution?
  Wodurch endet die Revolution?
- aus Bild- und Textquellen ein einfaches Strukturmodell der französischen Bevölkerung am Beginn der Revolution.

Verlaufsskizze:

Unterrichtsschritt 1:
Vorstellung des Themas der neuen Unterrichtseinheit

In einer kurzen Vorüberlegung tragen die Schüler zusammen, was ihnen zum Thema

Revolution einfällt. Die Beiträge der Schüler werden an der Tafel gesammelt. Der Lehrer schreibt zusammengehörende Begriffe untereinander, läßt darüber Platz frei und bittet die Schüler zum Abschluß der Sammelphase, Überschriften für die gefundenen Assoziationsfelder zu finden. Die möglichen Überschriften sind durch das vom Lehrer vorgegebene Ordnungsprinzip in ihrer Zahl begrenzt. Überschriften könnten sein: Ursachen, Ereignisse, Personen, Gewalt, Veränderungen usw. Für Schülerbeiträge, die in keine der vorgeschlagenen Kategorien passen, wird eine eigene Kolumne erstellt.

Alternative 1: Die Beiträge der Schüler werden fortlaufend an der Tafel festgehalten. Wenn genügend Stichworte vorhanden sind, versuchen die Schüler gemeinsame Sachverhalte unter Leitbegriffen zusammenzufassen. Der Leitbegriff wird farbig auf die Nebentafel geschrieben. Die zugehörigen Begriffe werden mit der Farbe des Leitbegriffs markiert. Die Leitbegriffe werden mit je einem Beispiel ins Heft übernommen.

Am Ende dieser Phase steht der Versuch einer vorläufigen Definition für „Revolution". Definitionen, die als Arbeitshypothesen dienen könnten, wären zum Beispiel:

- Umwälzungen des gesellschaftlichen Aufbaus und der Wertvorstellungen in einem Land
- Schwere Erschütterung des Staates, die eine neue Staatsform hervorbringt
- Schnelle Umwandlung einer Staatsform in eine neue durch Gewaltanwendung

Die Vorstellungen der Schüler müssen überprüft werden. Sie werden aufgefordert, Möglichkeiten vorzubringen, wie dies geschehen kann.

Mögliche Schülerantworten:
Im Lehrbuch nachlesen, im Lexikon die Definition für Revolution mit der selbstgefundenen vergleichen, sich näher mit einer Revolution befassen.

Unterrichtsschritt 2:

Karikatur: Die drei Stände

(vgl. Zeiten und Menschen 3, S. 64; Menschen in ihrer Zeit 3, S. 62; Damals und Heute 4, S. 4; Die Reise in die Vergangenheit 3, S. 54; Geschichtliche Weltkunde 2, S. 123; Grundzüge der Geschichte 3, S. 126; Fragen an die Geschichte 3, S. 154. Dias: V-Dia-Verlag)

Impuls des Lehrers: Was ist dargestellt?
Die Beziehung der drei Personen zueinander wird im Gespräch näher herausgearbeitet.
Die Wichtigkeit der Kleidung als Mittel der Selbstdarstellung, der Abgrenzung und Distanzierung ist hervorzuheben (Adliger: Straußenfeder, Halskrause, Degen; Geistlicher: bunter Rock, Beffchen; Bauer: zerlumpte Kleidung).
Die Kaninchen und Hasen am Boden fressen das Gemüse, die Tauben, Rebhühner und Wachteln picken die Saatkörner auf den Feldern weg (Hinweis auf das Jagdprivileg des Adels).
Die Aussage des Bildes wird auf ihren Wahrheitsgehalt hin untersucht. Das Bild ist eine Karikatur, die als Flugblatt verteilt wurde.
Lehrerfragen: „Wer wird das Bild wohl verfaßt haben? Wen soll das Flugblatt wohl erreichen? Welche Absicht verfolgt der Verfasser mit der Darstellung?"
Die Schüler erkennen die sozialkritische Tendenz der Darstellung. Um nachzuprüfen, ob die Personen alle Bevölkerungsgruppen repräsentieren, müssen neue Quellen herangezogen werden.

Unterrichtsschritt 3:
Die Bevölkerung vor der Revolution (1780)

Im Lehrervortrag – gegebenenfalls unter Einsatz einer Folie – wird den Schülern ein detailliertes Bild über die berufliche Zusammensetzung der französischen Bevölkerung zu Beginn der Revolution vermittelt. Bei den angegebenen Zahlen sind Frauen und Kinder

Vorschlag für ein Arbeitsblatt (Unterrichtsschritt 3)

Die ständische Gliederung der französischen Bevölkerung am Vorabend der Revolution

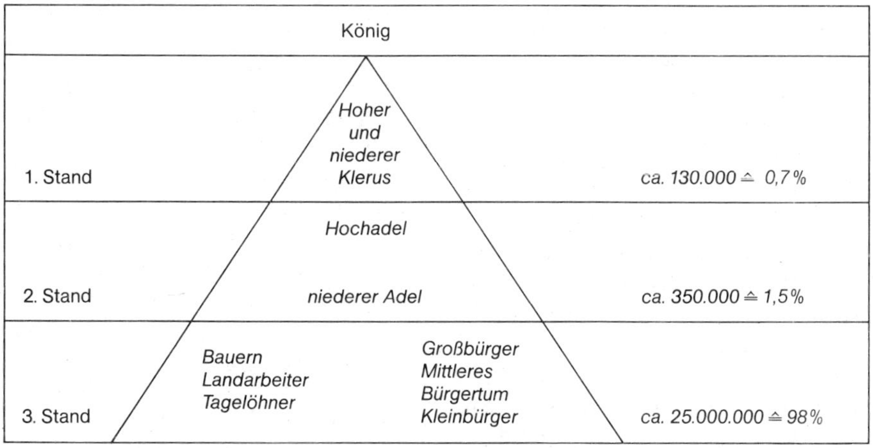

mitgerechnet; in der Regel beträgt ihr Anteil 70–80% (nach F. Furet und D. Richet, Die Französische Revolution, Frankfurt 1968, S. 29; vgl. auch Grundzüge der Geschichte 3 [Quellentaschenbuch] S. 55; Ergänzungen nach R. Elze und K. Repgen, Studienbuch Geschichte, Stuttgart 1974, S. 681ff.).

Auf der Folie sollten folgende Zahlen berücksichtigt werden:

1. Stand: Erzbischöfe 18, Bischöfe 139, Äbte ca. 900, Domherren ca. 10000 – Mönche/Nonnen ca. 60000, Pfarrer/Vikare ca. 60000.
2. Stand: Hochadel, Hofstaat, Provinzgouverneure, hohe Offiziere – Beamte, Offiziere, Schloßherren, kleine Gutsbesitzer zusammen ca. 350000.
3. Stand: Professoren, Anwälte, Ärzte, Wundärzte, Apotheker – Manufakturbesitzer, Kapitalrentner, Finanzberufe, Kaufleute – Ladenbesitzer, Handwerker zusammen ca. 4080000.
   Beamte der Reichs- und Finanzverwaltung ca. 300000, Militär (Heer und Marine) ca. 350000.
   Seefahrer, Matrosen ca. 280000, Fischer, Flößer ca. 40000.
   Viehbauern ca. 2130000, Wein- und Akkerbauern ca. 4500000 – Landarbeiter und Tagelöhner ca. 10000000.
   Dienstpersonal ca. 2076000 (darunter ca. 122000 Kinder unter 15 Jahre).

Zu den Unterschieden innerhalb des Ersten Standes mögen folgende Hinweise nützlich sein. Die höhere Geistlichkeit stammte aus dem Adel, die niedrige Geistlichkeit rekrutierte sich aus dem Dritten Stand. Die sozialen Spannungen im Klerus waren sehr groß, nicht zuletzt bedingt durch die extrem großen Einkommensunterschiede. So hatte der Bischof von Straßburg ein Jahreseinkommen von 1,2 Millionen Livres, ein Pfarrer rd. 750 Livres, Vikare etwa 400 Livres (vgl. R. Elze u. K. Repgen, a.a.O., S. 682).

Um das zahlenmäßige Verhältnis der Stände weiter zu veranschaulichen, empfiehlt sich ein Umsetzen der Daten in ein Kreisdiagramm (Folie oder Nebentafel). Dies bereitet einigen Schülern erfahrungsgemäß Schwierigkeiten. Da die Schüler im Unter-

richt und im täglichen Leben zunehmend mit Statistiken konfrontiert werden, sollte man auf eine Einübung dieses instrumentellen Lernzieles nicht verzichten.
Wenn wir von einer Gesamtbevölkerung von gut 25 Millionen ausgehen, so ergeben sich folgende Zuordnungen der absoluten und der prozentualen Werte:

– Erster Stand:	ca:	130 000	≙ 0,5%
– Zweiter Stand:	ca.	350 000	≙ 1,5%
– Dritter Stand:	ca.	25 000 000	≙ 98,0%

Diese Zuordnung wird auf dem Arbeitsblatt „Die ständische Gliederung der französischen Bevölkerung am Vorabend der Revolution" eingetragen.
Den privilegierten Ständen Klerus und Adel, welche 2% der Bevölkerung umfassen, steht der Dritte Stand gegenüber (ca. 16% Bürger und ca. 82% Bauern). Für das Kreisdiagramm (vgl. Stundenblatt) ergeben sich dann folgende Zuordnungen der Prozentwerte und der Bogengrade:
2% ≙ 7°; 16% ≙ 58°; 82% ≙ 295°

Unterrichtsschritt 4:
Die Bevölkerung in der Stadt und auf dem Land.

Zum Schluß der Stunde soll den Schülern im Lehrervortrag ein Einblick in die Lebensverhältnisse der ländlichen und städtischen Bevölkerung gegeben werden.

Landbevölkerung: Die große Masse der Bauern war am Beginn der Revolution frei. Nur eine Minderheit von etwa 1–1,5 Millionen lebte in dinglicher Leibeigenschaft, das heißt, sie besaß keine volle Freizügigkeit und kein uneingeschränktes Erbrecht. Die Landarbeiter und Tagelöhner (8,5–9 Millionen ≙ etwa 40%) lebten meist in einem eigenen Haus, welches oft nur einen einzigen Raum besaß, sie besaßen aber meist keinen Grund und Boden. Diese Schicht war besonders von Wirtschaftskrisen und Mißernten in ihrer Existenz bedroht. In manchen Gegenden war die Not so groß, daß die Zahl der Bettler und Straßenräuber bis zu 20% der Bevölkerung betrug.
(Nach I. Stephan, a.a.O., S. 89ff.; W. Markov, A. Soboul, a.a.O., S. 32ff.)

Stadtbevölkerung: Rund 50% der Stadtbevölkerung waren unselbständige Lohnempfänger: „Tagelöhner, Transportarbeiter und Lastträger, Boten, Garten-, Erd- und Straßenarbeiter, Handlanger. Hinzu kamen Bedienstete und Gesinde des Adels und der Bourgeoisie: Lakaien, Kutscher, Köche..." (vgl. M. Markov und A. Soboul, a.a.O., S. 28). Zahlenmäßig gering war der Anteil der Manufakturarbeiter an der Gesamtbevölkerung der Stadt. Rund 20% der Städter lebten in gehobenen Berufen (z.B. Ärzte, Apotheker, Beamte, Militär), 10% lebten als wohlhabende Kapitalrentner.
Für Paris, welches damals 640000–660000 Einwohner zählte, ergibt sich folgende Zusammensetzung der Berufe:
Geistliche 10000, Adlige 5000, Fabrikanten, Kaufleute, Freie Berufe 40000, Kleinbürger rd. 600000 (vgl. Fragen an die Geschichte 3, S. 133).

Folgende Fakten sind an der Tafel festzuhalten:

Bevölkerung auf dem Land (22 Mio.)	*≙ 85%*
Leibeigene (1–1,5 Mio.)	≙ 5%
Landarbeiter (8,5–9 Mio.)	≙ 40%
Bauern mit Land (rd. 10 Mio.)	≙ 50%
Bettler z.T. bis 20%	
Bevölkerung in der Stadt (3–4 Mio.)	*≙ 15%*
Lohnarbeiter (1,5–2 Mio.)	≙ 45%
Handwerker, kleine Geschäftsleute (800000–1 Mio.)	≙ 25%
Ärzte, Juristen, Beamte (700000)	≙ 20%
Rentiers (350000)	≙ 10%

(Die Angaben der Autoren variieren zum Teil recht stark, vgl. W. D. Behschnitt, a.a.O., S. 8f., P. Lautzas, a.a.O., S. 29ff.; I. Stephan, a.a.O., S. 96)

Mögliche Hausaufgabe:

Informiere Dich im Lehrbuch über die wirtschaftliche Lage der genannten Bevölkerungsgruppen.

Tafelbild:

Siehe Stundenblatt 1

2. Stunde: Die wirtschaftliche Lage in Frankreich zu Beginn der Revolution

Zur didaktischen Funktion:

In dieser Stunde sollen sich die Schüler mit der wirtschaftlichen Funktion der Vertreter des Dritten Standes, die sie in der ersten Stunde kennengelernt haben, auseinandersetzen. Wir beschäftigen uns mit den bürgerlichen und unterbürgerlichen Schichten in Paris, der Lage der Bauern, die aus den Beschwerdeheften (cahiers de doléances) erschlossen werden kann, und der Stellung des Großbürgertums. Wir gehen dabei exemplarisch vor (vgl. die Ausführungen zum exemplarischen Geschichtsunterricht in: Anmerkungen und Argumente, 1.1., S. 136–246). Zentrales Anliegen der Stände ist es, die wirtschaftlichen Faktoren, die zur Revolution führten, transparent zu machen. Dabei ist besonders zu berücksichtigen, daß die unterschiedlichen Schichten durch unterschiedliche wirtschaftliche Verhältnisse geprägt waren, somit auch unterschiedliche Interessen verfolgten. Die Frage, ob eine positive oder negative wirtschaftliche Entwicklung zum Ausbruch der Revolution beigetragen hat, kann in leistungsstarken Klassen reflektiert werden.

Der Einstieg mit einem Hörspiel (FWU Tb/CTb 2267) führt direkt ins Zentrum der Probleme der Bürger von Paris: in eine Auseinandersetzung um den Brotpreis zwischen Bäcker und Bürger. Der Einsatz einer Hörspielszene fesselt in der Regel die Aufmerksamkeit der Schüler. Dringend abzuraten ist vom Einsatz längerer Passagen.
Die ganze Tonbandeinheit enthält fiktive Szenen. Sie sind nach Quellen neu konzipiert worden. Die agierenden Personen sind erfunden. Außerdem werden historische Persönlichkeiten vorgestellt (z.B. Ludwig XVI., Robespierre usw.) und Originalquellen verwendet. Die einzelnen Szenen werden durch eingehende Kommentare verbunden.
Die Hörspielszene soll die Schüler zu einer intensiven Auseinandersetzung mit der Lage der Pariser Bürger anregen. Die Beschäftigung mit der Lage der Bauern wurde schon in der ersten Stunde durch die Betrachtung und Auswertung der Karikatur eingeleitet. Sie wird nun durch die Analysen der Beschwerden der Bauern fortgeführt und vertieft.
Die Lage des Großbürgertums war durch Besitz von Boden, Manufakturen, Kapitalien und durch Gewinne aus verschiedenen Unternehmungen gekennzeichnet. Es partizipierte jedoch nicht an der Macht der privilegierten Stände, deren gesellschaftlicher Stellung es sich anzugleichen versuchte. Die Schüler sollen erkennen, daß gegensätzliche wirtschaftliche Ausgangslagen gleichgerichtete Kräfte erzeugen können, die zu Faktoren der Revolution werden. Die Hausaufgabe verbindet die zweite unmittelbar mit der dritten Stunde.

Ziele der Stunde:

Die Schüler erkennen,
– daß die Lage der Bürger von Paris gekennzeichnet ist durch: geringen Lohn (Lohnarbeiter), hohe Lebenshaltungskosten (Brotpreis), Belastung durch Steuern, Be-

drohung der sozialen Stellung (Handwerker), Arbeitslosigkeit
- daß die Lage der Bauern gekennzeichnet ist durch: dreifache Steuerlasten, unterschiedliche Rechtslagen, Ungerechtigkeiten der Verpächter, Vorrechte der Feudalherren, unterschiedlich großen Besitz an Grund und Boden, Abhängigkeit von guten und schlechten Ernten
- daß die Stellung des Großbürgertums gekennzeichnet ist durch: Besitz und Bildung, das Erzielen großer Gewinne aus Handel, Bankgeschäften, Heereslieferungen und Manufakturen, Prosperität der Wirtschaftszweige
- daß das Großbürgertum gesellschaftlich mit den privilegierten Ständen gleichzog, von der Ausübung der Macht jedoch ausgeschlossen war.

Die Schüler erarbeiten
- aus Informationen, die ein Hörspiel und ein Lehrervortrag bieten, Kennzeichen der Lage der Bürger von Paris
- an ausgesuchten Quellen einer großen Volksbefragung Kennzeichen der Lage der Bauern in den Provinzen.

Die Schüler beurteilen
- anhand von Informationen aus dem Lehrbuch und unter Berücksichtigung der Vorgaben der Stunde die Faktoren der Revolution.

Verlaufsskizze:

Unterrichtsschritt 1:
Lage der Unterschichten in Paris

Hörspielanalyse.
Kurze Paraphrase: Eine erregte Menge, zum Teil bestehend aus Handwerkern, kleinen Gewerbetreibenden und Tagelöhnern im ärmsten Stadtteil St. Antoine, versammelt sich vor einem Bäckerladen. Man wirft dem Bäcker vor, 13 Sous für sein Brot zu nehmen. Ein Bauarbeiter wirft ein, man verdiene pro Tag nur 25–30 Sous. Wie solle man da noch leben können!
Der Bäcker verteidigt sich. Die Ernte sei schlecht gewesen, die Getreidehändler wollten ihr Geld verdienen, an den Wegen und Brücken müßten Zölle gezahlt werden. Sogar vor Paris müsse das Getreide noch Zollschranken passieren.
Er hoffe auf die Vertreter in der Ständeversammlung, den König und seinen Finanzminister Necker, die die Mißstände abschaffen würden. Die Menge ruft: „Es lebe der König, es lebe der Dritte Stand!“
Der Stadtteil St. Antoine (= Foubourg St. Antoine) liegt östlich der Bastille; er wird während der Revolution zur Sektion 26. Er besaß um 1791 18000 Einwohner; davon waren 1800 Arbeiter, 141 Unternehmer ($\triangleq$ 13 Arbeiter pro Unternehmer) und 6600 registrierte Arme ($\triangleq$ 36% Arme pro Gesamtbevölkerung) (vgl. A. Soboul, W. Markov [Hrsg.], Französische Revolution und Volksbewegung, a.a.O., S. 386ff.).
Während des Hörspiels werden Leitfragen eingeblendet (Folie):
- Wer ist am Streit beteiligt?
- Welche Argumente werden von den Streitenden vorgebracht?
- Von wem erhofft man Hilfe?

Mögliche Schülerantworten (Nebentafel):
- Bürger der Stadt Paris, Handwerker, Arbeiter, Tagelöhner
- Lebenshaltungskosten sind im Vergleich zum Lohn äußerst hoch
- Schlechte Ernten, große Handelsspannen, Weg- und Brückenzölle verteuern Mehl und Brot
- König und seine Minister, Ständeversammlung

Alternative 1: Dramatisierte Geschichtserzählung nach obiger Zusammenfassung.

Alternative 2: Hörspiel nach FWU Tb/CTb 2267: Flucht eines Reisenden in ein verlassenes Gehöft. Diese Szene orientiert sich an einer Darstellung in J. J. Rousseaus Bekenntnissen (vgl. J. J. Rousseau,

Bekenntnisse. Exempla Classica, Fischer Bücherei, S. 136f.; vgl. auch Menschen in ihrer Zeit 3, S. 63).
Kurze Paraphrase: Ein einsamer Wanderer erreicht bei einem Gewitter ein Gehöft. Das Strohdach ist schadhaft, von den Mauern fällt der Putz, die Fensterläden sind morsch, Stall und Scheune schmutzig und verwahrlost. Der Wanderer klopft, tritt ein, trifft auf einen einsamen und mißtrauischen Bauern. Der Wanderer bittet um Essen und erhält Schwarzbrot und saure Milch. Der Bauer gewinnt Vertrauen, schlägt die Schilfmatte auf dem Boden ein wenig zurück, öffnet die Falltür, holt gutes Brot, Schinken, Wein und Eierkuchen. Der Fremde erstaunt: „Warum verbergt Ihr Euere Speisen? Wovor habt Ihr Angst?" Der Bauer entgegnet: „Herr, Ihr seid wohl fremd in diesem Land, daß Ihr so fragt! Es sind die Steuereinnehmer, die wir fürchten."
Mit diesem Einstieg wird das Verhältnis Bauer–Staat, welcher durch den Steuereinnehmer für den Bauern zur konkreten Wirklichkeit wird, thematisiert.

Unterrichtsschritt 2:
Einkommensverhältnisse und Lebenssituation verschiedener Berufe

Die Schüler erhalten eine Statistik „Einkommen und Brotpreis" (s. Vorschlag für das Arbeitsblatt 1, s. S. 32). Die prozentuale Errechnung des für Brot aufzuwendenden Lohnanteils ergibt bei einem Brotpreis von

	9 Sous	12 Sous	14,5 Sous
Fabrikarbeiter	60%	80%	87%
Bauarbeiter	50%	67%	80%
Geselle	30%	40%	43%
Goldschmied	15%	20%	24%

(Weitere Angaben über Lebenshaltungskosten vgl. Menschen in ihrer Zeit 3, S. 125; Fragen an die Geschichte 3, S. 130; Grundzüge der Geschichte, Quellentaschenbuch 3, S. 57; einen übersichtlichen Vorschlag zur Auswertung findet man bei: H. Krieger, Geschichtsunterricht heute 3, Frankfurt 1975, S. 153; vgl. auch Weltgeschichte im Aufriß 2, S. 47f., mit weiteren Daten aus verschiedenen Jahren der Revolution.)
Die Auswertung der Tabelle führt den Schülern eindringlich die soziale Lage vor Augen.

Erweiterung durch Gegenwartsbezug:
a) Wieviel Prozent des Lohnes werden heute für den Kauf von Brot ausgegeben, wieviel für Nahrungsmittel überhaupt?
b) Für welche Güter wird heute der größte Anteil des Einkommens verwendet?
c) Welche Produkte sind heute zentral für das Funktionieren der Wirtschaft?

Mögliche Erweiterung durch Betrachtung einer langfristigen Preisentwicklung:
„Nach Labrousses Berechnungen sind die Preise in den Jahren von 1726–1789 um 62% gestiegen, die Löhne dagegen nur um 22%. Die sozialen Konsequenzen der ungleichmäßigen Entwicklung sind leicht vorstellbar. Besonders groß war der Preisanstieg bei den Grundnahrungsmitteln. Zwischen 1785 und 1789 betrug der Preisanstieg für Weizen 66%, für Roggen 71%, für Fleisch 67%, für Brennholz sogar 91%. Der Höhepunkt der Preisentwicklung lag im Revolutionsjahr selbst. Die Preise für Weizen kletterten um 127%, für Roggen um 136%. In der ersten Hälfte des Juli 1789 erreichten die Preise für Weizen sogar eine Steigerungsrate von 150%, für Roggen von 165%" (vgl. I. Stephan, a. a. O., S. 88f.).

Die Lohnempfänger in den Städten waren von den Konsequenzen besonders stark betroffen. Es gab Streiks der Strumpfweber 1724, der Webergesellen 1737, der Buchbinder 1776, der Hutmachergesellen und der Arbeiter des Tapetenfabrikanten Réveillon 1789 (vgl. I. Stephan, a. a. O., S. 89; W. Markov u. A. Soboul, a. a. O., S. 31f.).

Mögliche Erweiterung durch Betrachtung einer langfristigen Preisentwicklung einiger wichtiger Agrarprodukte in der Zeit von 1726–1789 (Folie).

Langfristige Preisentwicklung einiger Agrarprodukte (1726–1789)

	1726–1741	1771–1789	1785–1789
Käse	100	156	166
Roggen	100	160	171
Gerste	100	152	165
Hafer	100	174	176
Getreidearten	100	160	169
Saubohnen	100	160	172
Wein	100	135	113
Fleisch [1]	100	155	167
Brennholz	100	163	191

[1] Mittelwert von Rind-, Hammel- und Schweinefleisch.
(Nach W. D. Behschnitt, Die Französische Revolution, a. a. O., S. 16)

Diese Erweiterung würde die von der „Schule der Annales“ eingeführte Konzeption einer Geschichte der „longue durée“ im Geschichtsunterricht aufnehmen (vgl. V. Rittner, Ein Versuch systematischer Aneignung von Geschichte: die „Schule der Annales“, in: Ansichten einer künftigen Geschichtswissenschaft 1, I. Geiss u. R. Tamchina [Hrsg.], München 1974, S. 153–172).
Vorschläge für eine Auswertung:

1. Erstellen von Blockdiagrammen.
2. Welche Produkte zeigen den größten Preisanstieg?

Die Erweiterungen verdeutlichen die wechselseitige Bedingtheit der Lage in der Stadt und auf dem Land. Sie sollten nur bei besonders intensiver Behandlung der Faktoren, die zur Revolution geführt haben, aufgenommen werden.

Unterrichtsschritt 3:
Die Beschwerden der Bauern

Im Frühjahr 1789 wurden in ganz Frankreich von allen Ständen Beschwerdehefte (cahiers de doléances) verfaßt. Sie sollten als Orientierungshilfe für die Abgeordneten der Stände dienen. Es war eine der größten Volksbefragungen der neueren Geschichte, heute noch sind 40 000 dieser Hefte zugänglich.

In den Lehrbüchern und Quellenheften sind verschiedene solcher Beschwerdeartikel abgedruckt (vgl. z.B. Fragen an die Geschichte 3, S. 130; Geschichtliche Weltkunde 2, S. 125; Das Werden des nationalen Staates 3, S. 72; Damals und heute 2, S. 42; Die Reise in die Vergangenheit 3, S. 56 ff.; Damals und heute 4, S. 4 ff.; Menschen in ihrer Zeit 3, S. 64).

Am häufigsten werden die Forderungen der Bauern aus Guyancourt, eines Dorfes in der Nähe von Versailles, zitiert. Das Dorf umfaßte gut 100 Haushalte und hatte ungefähr 600 Einwohner. W. D. Behschnitt, a.a.O., S. 30, druckt eine Beschwerdeschrift der Pfarrgemeinde Letteguives vom 29. 3. 1789 ab.

Aus den Beschwerdeschriften (wir beschränken uns auf die der Bauern) lassen sich Mißstände, die nur den Ort, in welchem sie verfaßt wurden, betreffen, aber auch solche mit allgemeiner Gültigkeit ableiten.

Die Schüler erhalten eine Beschwerdeschrift (Lehrbuch, Hektographie) und werten die Artikel nach folgenden Leitfragen (Stillarbeitsphase) aus:

Mögliche Erweiterung (Unterrichtsschritt 3):
Kreisdiagramm zur Verteilung von Grund und Boden (Folie).
Die Bauern besaßen in den verschiedenen Regionen unterschiedlich viel Land.

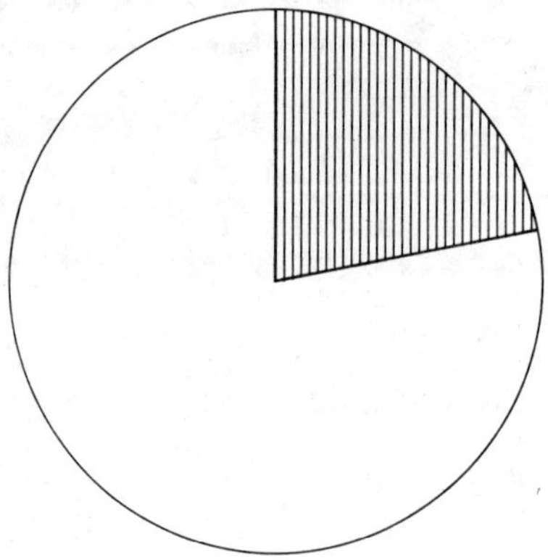
Bauern im Distrikt Toulouse (22 %)

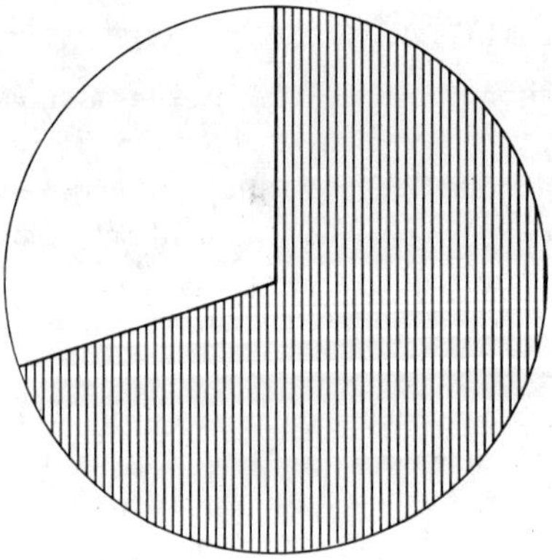
Bauern von Calvados (70 %)

Worüber klagen die Bauern? Welche Klagen beziehen sich auf lokale Mißstände, welche sind von allgemeiner Bedeutung? Welche Forderungen stellen die Bauern auf? In welchem Ton werden die Schriften verfaßt?
Häufige Klagen sind:
- Ungerechtigkeiten durch die Verpächter (10 Mio. Landarbeiter besitzen kein Land)
- Folgen dieser Ungerechtigkeiten (z.B. für die Preise von Nahrungsmitteln)
- Feudale Lasten (z.B. Abgaben, Dienste)
- Unterschiedliche Besteuerung (Sondersteuern, besonders Salzsteuer)
- Ungeklärte und komplizierte Rechtslagen
- Reform des Jagdrechts (Kaninchen, Hasen, Fasanen, Rebhühner, Wachteln dürfen nur von privilegierten Ständen gejagt werden; das Gras durfte oft bis zum Johannistag [24. Juni] nicht gemäht werden, um die am Boden brütenden Vögel nicht zu stören).
- Einzug zum Heeresdienst
- Mißstände, die die Kirche betreffen
- Forderungen, die drei Stände ihrem Einkommen gemäß zu belasten

Unterrichtsschritt 4:
Stellung des Großbürgertums

In einem kurzen Lehrervortrag werden folgende Informationen vermittelt: Das Großbürgertum nahm nach Besitz und Bildung den ersten Platz ein. Dies stand im Gegensatz zur politischen Vormachtsstellung der privilegierten Stände. Es gab unter ihnen Rentiers, deren Wohlstand sich beharrlich vermehrte.
Bankiers und Heereslieferanten und die höchsten Beamten der Finanzverwaltung bildeten die Spitze des Großbürgertums. Über Heiraten versippte man sich zum Teil mit dem Geburtsadel, dem man an gesellschaftlicher Stellung und Reichtum wenig nachstand. Große Kaufleute, Reeder, Wucherer und Wechselagenten gab es besonders in den großen Hafenstädten. Überaus gewinnreich war der sogenannte Dreieckshandel (Beliefern von Plantagen in den Kolonien mit Sklaven aus Afrika, Bezug von Produkten aus den Kolonien). Auch die Besitzer der Manufakturen konnten einen Anstieg ihrer Bilanzen verzeichnen (Zusammenfassung nach W. Markov u. A. Soboul, a.a.O., S. 19–24).
Im Unterrichtsgespräch sollte besonders der Gegensatz zwischen bedeutender wirtschaftlicher und gesellschaftlicher Stellung und minimaler Partizipation an der Ausübung der Macht herausgearbeitet werden.

Unterrichtsschritt 5:
Revolutionäre Faktoren

Bemerkungen zum vorgeschlagenen Arbeitsblatt 2 „Pool-Modell“:
Links werden die einzelnen Personen und Personengruppen, die in die Revolution verwickelt waren, aufgeführt. Einige der Personen und Personengruppen sind den Schülern schon bekannt. Ihre Lage kann nun als ein revolutionärer Faktor definiert werden. Diese revolutionären Faktoren werden in der rechten Spalte stichwortartig aufgeführt. Das Zusammenfließen der einzelnen Faktoren bildet gleichsam einen immer größer werdenden Strom, der in den Pool der revolutionären Faktoren mündet. Dieses Modell böte auch die Möglichkeit, sich zu überlegen, wie die Vergrößerung des Pool der revolutionären Faktoren hätte verhindert werden können (Aspekt: hätte die Revolution durch Reformen verhindert werden können?). Auch die Frage, wann die Revolution ausbricht, der Pool der revolutionären Faktoren groß genug ist, kann an dieser Stelle erörtert werden. Wie alle Modelle bildet auch dieses Modell nur Teilaspekte der historischen Wirklichkeit ab, vereinfacht und verfälscht. In leistungsstarken Klassen sollte dieser Aspekt immer wieder reflektiert werden.
Die Schüler sollten nun in der Lage sein, auf dem vorgeschlagenen Arbeitsblatt die Fakto-

ren der Revolution an einigen Stellen einzutragen. (Angaben zu Geistlichkeit, Adel, Großbürger, Handwerker, Lohnarbeiter, Bauern sind im Arbeitsblatt kursiv gesetzt; sie sind von den Schülern selbständig einzutragen; die Angaben zum König werden in der 5. Stunde ergänzend eingetragen, die zur Intelligenz vorgegeben.) Dies kann als Stillarbeit oder Hausaufgabe geschehen. Dabei sollte genau angegeben werden, welche Teile des Arbeitsblattes schon bearbeitet werden können. Auf die entsprechenden Stellen in den Lehrbüchern sollte vom Lehrer hingewiesen werden.

Vorschlag für zwei Arbeitsblätter (2. Stunde)

1. „Pool-Modell"

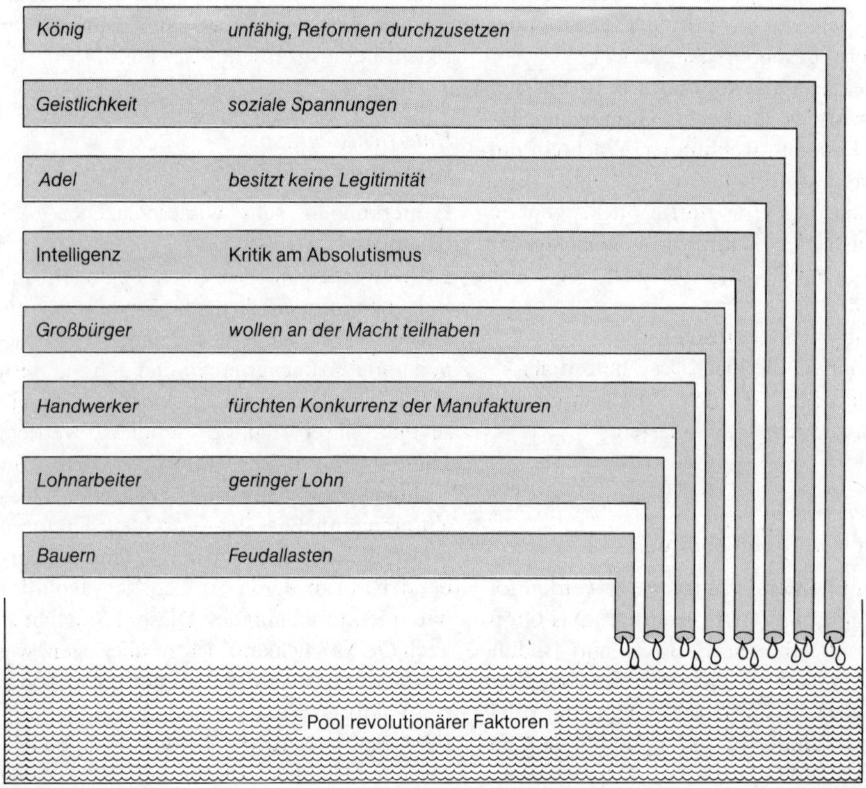

2. Der Einkommensanteil, der 1789 von Pariser Arbeitern für Brot ausgegeben wurde

Beruf	*Lohn pro Tag*	*Ausgaben für Brot in Prozenten des Einkommens bei*		
		9 Sous	12 Sous	14,5 Sous
Fabrikarbeiter	15 Sous			
Bauarbeiter	18 Sous			
Schlosser-, Schreinergeselle	30 Sous			
Goldschmied	60 Sous			

Aufgaben:

1. Wieviel Prozent des Lohnes müssen die einzelnen Berufsgruppen für Brot ausgeben?
2. Welche Möglichkeiten zur Verbesserung der Lage der Arbeiter sind denkbar?

3. Stunde: Die Revolution beginnt

Zur didaktischen Funktion:

„,La Révolution est un bloc' (,Die Revolution ist ein Block.'); dieses berühmte Wort Clemenceaus ist das Dogma der Politiker wie der Geschichtsschreiber und Geschichtslehrer geblieben..." (vgl. H. Lüthy, Frankreichs Uhren gehen anders. Zürich, Stuttgart, Wien 1954, S. 31, zitiert nach W. D. Behschnitt, a.a.O., S. 109).
Es gab mehrere Revolutionen, „die Revolution der Abgeordneten auf den Generalständen in Versailles und im Rahmen der folgenden gesetzgebenden Versammlungen, sodann die Aufstandsbewegung der klein- und unterbürgerlichen Schichten in den Städten und schließlich die der Bauern auf dem Land" (vgl. E. Schmitt, Einführung in die Geschichte der Französischen Revolution, a.a.O., S. 62).
Zwischen diesen beiden Polen, eine Revolution – mehrere Revolutionen, bewegt sich die Wertung der Wissenschaftler.
Wir orientieren uns im Unterrichtsverlauf an der These von F. Furet u. D. Richet, welche uns eine übersichtliche Gliederung der Stunde erlaubt und die Ergebnisse der ersten beiden Stunden weiterführt. Wir vermeiden das zum Teil übliche Ursachen-Anlaß-Modell. Einer monokausalen Erklärung stellen wir eine multifaktorielle Analyse entgegen (vgl. Hinweise zum Arbeitsblatt „Pool-Modell" der zweiten Stunde). Die zur Revolution führenden Faktoren fließen im „Pool der revolutionären Faktoren" zusammen.
Wir beginnen die Stunde mit einem letzten Faktor, der für den Ausbruch der Revolution wichtig war, der Staatsverschuldung. In der Staatsverschuldung spiegelt sich die Gesamtverfassung des Staates vor der Revolution wider. Der Staatsbankrott führte ja zur Einberufung der Generalstände.
Die Bildanalyse festigt noch einmal die erreichten Lernziele der ersten beiden Stunden und leitet über zur Analyse der Revolution der Abgeordneten des Dritten Standes. Hier wird erkannt, daß historische Wirklichkeit wurde, was die Schrift des Abbé Sieyès antizipierte. Die Vertreter des Dritten Standes definieren sich neu als Vertreter der Nation. Die Revolution der Abgeordneten kann nicht unabhängig gesehen werden von der Revolution der Bürger in Paris. Hierfür soll der Sturm auf die Bastille als Beispiel dienen. Er bricht los in der „Woche einer Volksrevolution, bei der es zugleich um Getreide und Politik geht" (vgl. Fischer Weltgeschichte, Bd. 26, S. 37).
Komplementär zu den Ereignissen in Paris ist die kollektive Furcht der Bevölkerung auf dem Land im Sommer des Jahres 1789 zu sehen, die ihre Kehrseite in revolutionären Akten hat und eine positive Rückkopplung mit dem Gang der Revolution in Paris erhält.
Am Schluß der Stunde dürften die Schüler in der Lage sein, im „Strukturanalytischen Modell" der Revolution die drei Teilrevolutionen des Jahres 1789 einzutragen. Die Einsicht, daß die drei Teilrevolutionen über eine Rückkopplung den Pool der revolutionären Faktoren selbst vergrößern, führt zur Frage, wie die Entwicklung weitergeht.
Eine ausführliche Behandlung der 3 Teilrevolutionen erfordert die Zeit einer Doppelstunde; ein sinnvoller Einschnitt ergibt sich nach Unterrichtsschritt 4.

Ziele der Stunde:

Die Schüler erkennen,
- daß viele Faktoren den Ausbruch der Französischen Revolution bedingen
- daß die Rückkehr zu einer alten Praxis (Einberufung der Generalstände) etwas ganz Neues (Revolution) hervorbringen kann

– daß die revolutionären Umwälzungen des Jahres 1789 als drei Teilrevolutionen, die sich gegenseitig bedingen, verstanden werden können
– daß die Teilrevolutionen den Pool der revolutionären Faktoren vergrößern.

Die Schüler erarbeiten
– aus Blockdiagrammen eine Analyse der langfristigen Staatsverschuldung
– aus Bildquellen und vorgelegten Daten ein Schema des Verlaufs der Revolution der Abgeordneten des Dritten Standes.

Die Schüler beurteilen
– die revolutionären Akte der Bürger von Paris und der Bauern in den Provinzen.

Verlaufsskizze:

Unterrichtsschritt 1:
Staatsverschuldung

Die Analyse der zunehmenden Staatsverschuldung schließt die Behandlung der Faktoren, die zum Ausbruch der Revolution führten, ab. Blockdiagramme zur Staatsverschuldung werden den Schülern auf einer Folie präsentiert. Die Schüler werden gebeten, Vermutungen anzustellen, wie der Verschuldung abzuhelfen sei. Sie beschreiben die langfristige Entwicklung und versuchen, Gründe dafür anzugeben.
Mögliche Schülerantworten: Hohe Staatsverschuldung am Ende der Regierungszeit Ludwigs XIV. durch zahlreiche Kriege, besonders gegen Ende seiner Herrschaft (Spanischer Erbfolgekrieg). Unter Ludwig XV. zunächst Rückgang der Staatsverschuldung; verlorener Siebenjähriger Krieg (1756–1763) und Verluste von Kolonien in Indien (1757) und Kanada (1759/1760) lassen die Staatsverschuldung wieder anwachsen. Starke Zunahme der Staatsverschuldung seit der Regierungsübernahme Ludwigs XVI. (1774) bis zum Jahr 1789, dem Jahr maximaler Staatsverschuldung.
Die Beschreibung kann auch allein durch den Lehrer erfolgen (ggf. Kurzreferat eines Schülers). Die Schüler werden aufgefordert, Vermutungen anzustellen, wie der Staatsverschuldung abgeholfen werden könnte. Dabei sollen die Schüler auch die Möglichkeiten,

Vorschlag für eine Folie

Die zunehmende Staatsverschuldung

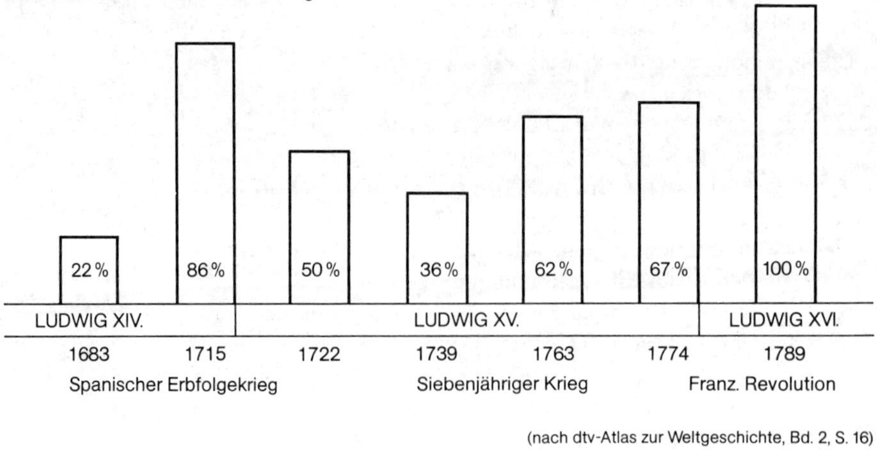

(nach dtv-Atlas zur Weltgeschichte, Bd. 2, S. 16)

die das absolutistische Wirtschaftssystem bietet, erneut bedenken. Außerdem werden die Klagen des Dritten Standes in die Überlegung einbezogen.

Mögliche Schülervorschläge:
Reduktion der Staatsausgaben, Abschaffung der Privilegien, Umverteilung der Steuern, Schaffung neuer Steuern, Erhöhung der Steuern.

Mögliche Erweiterung: Die Reformversuche der Minister Turgot und Calonne; die Auseinandersetzung des Königs mit den Notabeln und Bezirksparlamenten (Lehrervortrag).

Unterrichtsschritt 2:
Einberufung der Generalstände

Lehrervortrag: Die Staatsfinanzen waren so zerrüttet, daß am 24. 8. 1788 der Staat nicht mehr zahlungsfähig war und den Bankrott erklären mußte. Die Regierung konnte die Krise nicht mehr allein bewältigen. Deshalb wurden die Generalstände, die seit 1614 nicht mehr getagt hatten, einberufen. Im ganzen Land wurden Wahlversammlungen für die Ständeversammlung abgehalten und Beschwerdehefte verfaßt. Jeder Stand wählte seine Abgeordneten.
Problematisierung im Unterrichtsgespräch: Was bedeutet diese Maßnahme für den König und die Stände? Die Schüler beurteilen diese Maßnahmen: Schwächung der Stellung des Königs; Maßnahme, die in der Zeit vor dem Absolutismus üblich war (der Lehrer kann an das Vorgehen Ludwigs XIV. bei der Auflösung des Parlaments 1655 erinnern [vgl. Stundenblätter Der Absolutismus, a.a.O., S. 23]). Erster und Zweiter Stand erhoffen sich eine Stellung, wie sie Adel und Klerus in der Zeit vor dem Absolutismus zukam. Wiedererlangen alter Freiheiten des Adels; der Dritte Stand setzt politische Mitspracherechte durch. Die Schülerantworten werden an einer Nebentafel festgehalten.

Unterrichtsschritt 3:
Die Eröffnung der Generalstände in Versailles

Das Gemälde von Auguste Couder ist praktisch in allen gängigen Lehrbüchern abgedruckt. Es zeigt die Versammlung der Stände im Opernsaal im Schloß in Versailles. Es kann nach folgenden Leitfragen ausgewertet werden:
Welche Personen und Personengruppen kann man unterscheiden?
Wodurch kann man sie unterscheiden?
Wie ist das Verhältnis der Gruppen zueinander?
Welche Stellung nimmt der König ein?

Mögliche Schülerantworten:
Der König und die Königin, Hofstaat
Vertreter des Ersten Standes (Bischöfe und Kardinäle mit violetten und purpurnen Gewändern und Pileoli [Käppchen], links im Bild)
Vertreter des Zweiten Standes (auf den Knien die mit Straußenfedern geschmückten Hüte, farbenprächtige Kleidung, rechts im Bild)
Vertreter des Dritten Standes (dunkel gekleidet, dritte Reihe; Geistlicher mit schwarzem Pileolus)
Auf der Galerie: zuschauende Frauen und Männer.
Ein Abbild der ständischen Gliederung der Gesellschaft und der Stellung des Hofes im Absolutismus.

Die Auswertung des Bildes wird durch ein parallel dazu entwickeltes Tafelbild unterstützt (s. Vorschlag für ein Tafelbild).
Ergänzende Lehrerinformationen: Bei den Vertretern des Dritten Standes in der vierten Reihe sehen wir den Vertreter der Stadt Arras, Maximilien Robespierre (der Zweite in der Reihe).

Unterrichtsschritt 4:
Die Vertreter der einzelnen Stände

Der Lehrer gibt folgende Informationen: Der Klerus war durch rund 300 (291) Abgeordnete vertreten, von denen ungefähr 200 für eine Reform eintraten. Hier kann die Tatsache, daß viele Pfarrer aus dem Dritten Stand stammten, wieder aufgenommen werden. Von den 270 Vertretern des Zweiten Standes waren ungefähr 180 gegen eine Reform, 90 waren liberal eingestellt. Alle 578 Vertreter des Dritten Standes waren für eine Reform. Etwa 200 waren Juristen, etwa 100 Kaufleute, Bankiers oder Industrielle, es gab rund 50 Großgrundbesitzer unter ihnen, keine Bauern, keine Handwerker, keine Arbeiter. Auch Mitglieder der anderen Stände hatten sich zu Vertretern des Dritten Standes wählen lassen: der Graf Mirabeau und der Generalvikar des Bischofs von Chartres, Abbé Emmanuel Joseph Sieyès (vgl. W. Markov u. A. Soboul, a.a.O., S. 91ff.; P. Lautzas, a.a.O., S. 41; F. Furet u. D. Richet, a.a.O., S. 88ff.).
Die gerundeten Zahlen werden im vorgeschlagenen Arbeitsblatt festgehalten, das numerische Verhältnis Wähler/Abgeordnete wird problematisiert.
Lehrerfrage: Wie viele Angehörige des Ersten Standes werden durch einen Abgeordneten vertreten, wie viele des Zweiten und des Dritten Standes? Die Möglichkeiten, welcher Abstimmungsmodus zu bestimmen sei, werden erörtert: Abstimmung nach Köpfen, Abstimmung nach Ständen. Die Schüler stellen Vermutungen auf, welchen Abstimmungsmodus die Vertreter der einzelnen Stände bevorzugen.
Möglichkeiten der weiteren Behandlung der Frage: An der vorgegebenen Datenliste werden die Bestimmungen, die den Abstimmungsmodus betreffen, verfolgt bis zum Zusammentritt der Generalstände.

Vorschlag für ein Arbeitsblatt

Die Eröffnung der Generalstände

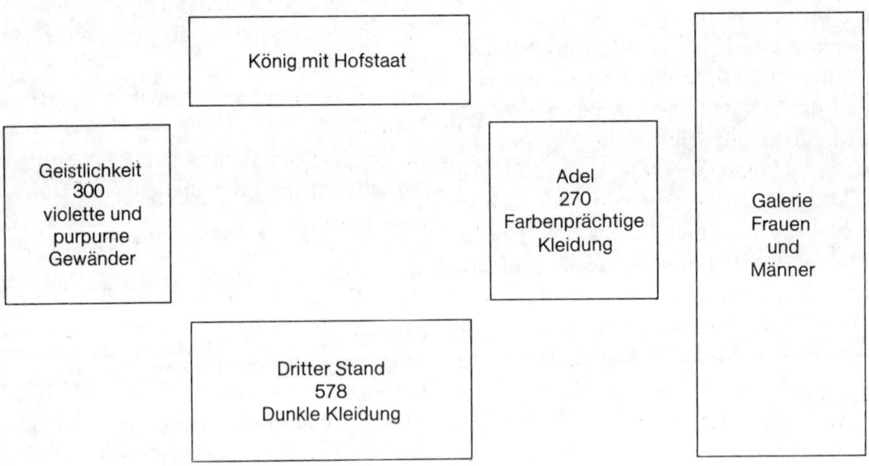

Vorschlag für ein Tafelbild (Unterrichtsschritt 4, Alternative)

Abbé Sieyès: Der 3. Stand

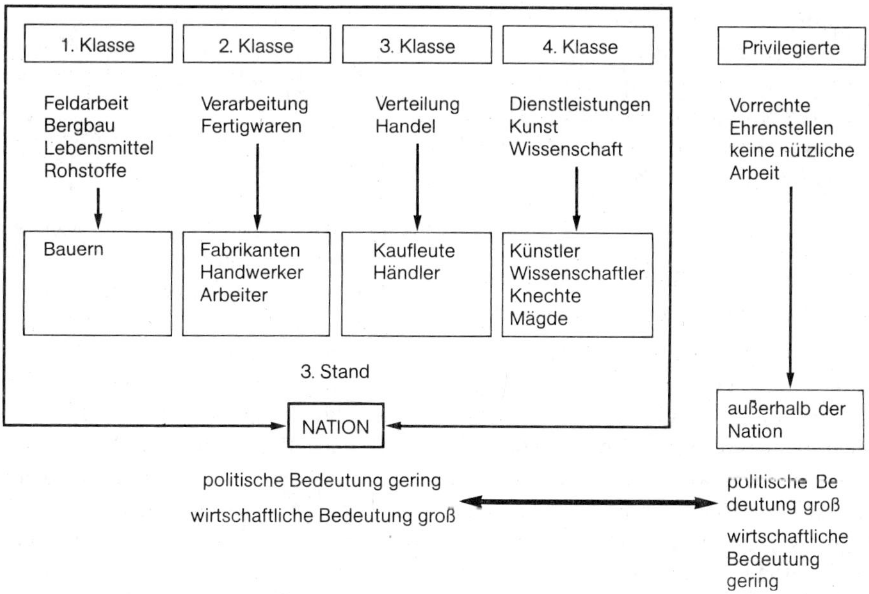

Alternative: Erörterung der programmatischen Flugschrift des Abbé Sieyès, die am Vorabend der Revolution erschien und den Abstimmungsmodus behandelt (vgl. W. D. Behschnitt, a. a. O., S. 29). Den Schülern wird ein Auszug aus dieser Schrift vorgelegt (Weltgeschichte im Aufriß II, S. 42; Grundzüge der Geschichte, Quellenband 3, S. 57).

Folgende Leitfragen haben sich bewährt:
1. Welche Klassen umfaßt der Dritte Stand?
2. Welche Aufgaben werden den einzelnen Klassen zugesprochen?
3. Wie wird der Dritte Stand definiert?
4. Gegen wen hebt sich der Dritte Stand in seiner Gesamtheit ab?
5. Wie wird dieser Teil des Volkes charakterisiert?
6. Wie sind die Beziehungen dieser beiden Teile des Volkes zu werten?

Möglichkeiten der Auswertung:
1. Bearbeitung der Fragen in Einzelarbeit/Partnerarbeit. Entwickeln des Tafelbildes mit dem Lehrer.
2. Arbeitsteiliger Unterricht: ein Teil der Klasse bearbeitet Fragen 1–3, ein anderer 4 und 5, bei der Auswertung wird Frage 6 gemeinsam beantwortet.
3. Gruppenarbeit. Die einzelnen Gruppen erhalten Folien und Folienschreiber. Vorgehen der Gruppen wie bei 2. Sie beantworten Frage 6 jedoch selbständig. Die einzelnen Gruppen erhalten zusätzlich die Aufgabe, ein Schema ihrer Antworten auf der Folie zu entwickeln. In der Auswertung werden inhaltliche und formale Differenzen oder auch Gemeinsamkeiten herausgearbeitet.

Variante: Die Schüler erhalten ein Arbeitsblatt, das die Auswertung vorstrukturiert. Man kann Teile des Arbeitsblattes schon im voraus ausfüllen. Zentral bei der Auswertung ist die Diskussion des Begriffes „Nation“. Es sollte ausführlich besprochen werden, was Sieyès unter Nation versteht und warum er den Dritten Stand als Nation definiert.

Unterrichtsschritt 5:
Zeittafel auswerten

Die Schüler erhalten eine Zeittafel (Hektographie). An ihr wird die Transformation der Generalstände in die Nationalversammlung untersucht. Hier wird ersichtlich, wie wichtig der Streit über das Abstimmungsverfahren war. Besonders herauszuarbeiten ist der Sieg des Dritten Standes in der Auseinandersetzung mit dem König.

Unterrichtsschritt 6:
Die Revolution der Bürger von Paris: Der Sturm auf die Bastille vom 14. Juli 1789

Einleitend weist der Lehrer darauf hin, daß in London der Tower heute noch zu besichtigen ist. Vielleicht haben einige Schüler diese alte Zwingburg der englischen Könige schon besucht, man darf davon ausgehen, daß alle Schüler diese Sehenswürdigkeit kennen. In Paris gab es ein entsprechendes Gebäude, das berüchtigte Staatsgefängnis, die Bastille mit 30 Meter hohen Mauern, acht Türmen und 25 Meter breiten doppelten Wassergräben. Heute können die Besucher von Paris die Bastille nicht mehr besichtigen – statt dessen kann jedes Jahr am 14. Juli „jeder mit jedem auf der Straße tanzen" (vgl. Canetti, Masse und Macht, Bd. 1, München ²1976, S. 191). Hier können parallel die Bilder vom Tower und der Bastille projiziert werden (Jünger-Verlag, London, 567; V-Dia-Verlag, SO- und O-England und London, D 13087; FWU; Jünger-Verlag, Die Französische Revolution, 1260, Sturm auf die Bastille; V-Dia-Verlag, D 41027, Zeitalter der Französischen Revolution, Die Übergabe der Bastille. Die Bilder zum Sturm auf die Bastille finden sich in jedem Geschichtslehrbuch; zur Lage der Bastille vgl. Westermann Landkarte Paris; Atlas zur Weltgeschichte [Klett], S. 25; Diercke Weltatlas, S. 60; Putzger Historischer Weltatlas, S. 92; Fragen an die Geschichte 3, S. 133; Die Reise in die Vergangenheit, Lehrerband 3, S. 59).

Der Lehrer gibt eine kurze Schilderung des Verlaufs (ggf. durch Schülerreferat ersetzbar).
Folgende Sachverhalte sollten besonders herausgearbeitet werden:

1. Der König läßt Truppen zusammenziehen. Wirkung dieser Maßnahme auf die Bevölkerung.
2. Die Bastille liegt westlich des Stadtteils St. Antoine, über dessen Einwohner die Schüler bereits informiert sind.
3. Das Brot ist am 14. Juli teurer als jemals zuvor im 18. Jahrhundert.
4. Das Verhalten der Revolutionäre.
5. Die „Befreiung" von insgesamt 6 (!) Gefangenen.
6. Mit der Erstürmung der Bastille wird das Symbol der alten Herrschaft bezwungen.
7. Bildung der Nationalgarde, Entstehung der Trikolore mit den Farben blau und rot (Paris) und weiß (Farbe des Königs).
8. Der 14. Juli ist bis heute Nationalfeiertag der Franzosen.
9. Die Legenden- und Mythenbildung.

Mögliche Erweiterung:
Auswertung des Gedichtes „Bastille" von Georg Heym (vgl. Geschichte im Gedicht, W. Hinck [Hrsg.], Frankfurt 1979, S. 164), Hektographie.

BASTILLE

Die scharfen Sensen ragen wie ein Wald.
Die Straße Antoine ist blau und rot
Von Menschenmassen. Von den Stirnen loht
Der weiße Zorn. Die Fäuste sind geballt.

Ins Grau des Himmels steigt der Turm wie tot.
Aus kleinen Fenstern weht sein Schrecken kalt.
Vom hohen Dach, wo Tritt der Wachen hallt,
Das erzne Maul der grau'n Kanonen droht.

Da knarrt ein Tor. Aus Turmes schwarzer Wand
Kommt der Gesandten Zug in schwarzer Tracht.
Sie winken stumm. Sie sind umsonst gesandt.

Mit einem Wutschrei ist Paris erwacht.
Mit Beil und Knüttel wird der Turm berannt.
Die Salven rollen in die Straßenschlacht.

Die Aussagen des Gedichtes können mit der historischen Wirklichkeit verglichen werden. Stichworte: Straße Antoine; blau und rot: Farben der Stadt

Paris; Darstellung der Menschenmassen; Darstellung der Bastille (Festung als Sinnbild des Schrekkens und der Willkürherrschaft); die gescheiterte Verhandlung mit dem Kommandanten; der Ausbruch der Kampfeshandlungen.

Unterrichtsschritt 7:
Die Massenpsychose der „Großen Furcht" (La Grande Peur) in den Provinzen

In allen Provinzen brechen seit dem 25.7.1789 Aufstände der Bauern aus. Sie fürchten das Strafgericht des Königs. Die Bauern erheben sich gegen den Adel und den Klerus, Schlösser werden gestürmt und Abteien geplündert. Viele Feudalherren werden umgebracht. Die Aufstände in den Provinzen haben Rückwirkungen auf die Debatten der Nationalversammlung (vgl. Zeiten und Menschen 3, S. 68f.; Damals und heute 4, S. 9; Spiegel der Zeiten 3, S. 82; Geschichtliche Weltkunde 2, S. 128; Wir erleben Geschichte 2, S. 108; Fragen an die Geschichte 3, S. 135).

Unterrichtsschritt 7 kann als Hausaufgabe gestellt werden: Stelle aus dem Lehrbuch die revolutionären Handlungen der Bauern zusammen, und halte sie im Heft fest.

Unterrichtsschritt 8:
Die Interdependenz zwischen den revolutionären Faktoren

Den Schülern wird auf einer Hektographie das strukturanalytische Modell vorgelegt (vgl. Fachwissenschaftliche Aspekte des Themas). Der Lehrer stellt das Prinzip dieses Modells vor und fordert die Schüler auf, Vorschläge für die Eintragungen zu machen.

Vorschlag für ein Arbeitsblatt/eine Hektographie (zu Unterrichtsschritt 5)

Zeittafel

1787	
16.07.	Das Parlament von Paris fordert, die Generalstände einzuberufen, um den drohenden Staatsbankrott aufzuhalten
1788	
08.08.	Einberufung der Generalstände auf den 1. Mai 1789. Die Generalstände hatten seit 1614 nicht mehr getagt
24.08.	Der Staat erklärt den Bankrott
25.09.	Das Parlament von Paris fordert, die Zusammensetzung der Generalstände nach dem Muster von 1614 einzuberufen
27.12.	Entscheidung des Staatsrates, die Zahl der Abgeordneten des Dritten Standes zu verdoppeln. Die Frage, ob nach Ständen oder Köpfen abgestimmt wird, bleibt offen
1789	
Jan.	Flugschrift des Abbé Sieyès: „Was ist der Dritte Stand?" Forderung nach politischer Gleichberechtigung des Dritten Standes
Febr.–April	Die Cahiers de doléances werden verfaßt. Alle drei Stände stellen ihre Beschwerden zusammen
März–Mai	Wahlen zu den Generalständen
04.05.	Prozession der einzelnen Stände zur Kirche. Für Adel und Klerus sind Plätze reserviert, die Vertreter des Dritten Standes suchen ihre Plätze selbst
05.05.	Eröffnung der Generalstände in Versailles. Der König legt keine Verfahrensordnung für die Beratungen vor, insbesondere bleibt der Abstimmungsmodus (nach Ständen? nach Köpfen?) ungeklärt

06.05.	Adel und Geistlichkeit prüfen in getrennten Sitzungen die Legitimation ihrer Abgeordneten. Der Dritte Stand fordert, die Legitimation in einer gemeinsamen Versammlung zu prüfen. Die Mitglieder des Dritten Standes nennen sich „députés des communes" (Abgeordnete der Gemeinden)
10.06.	Der Dritte Stand lädt auf Vorschlag des Abbé Sieyès die Abgeordneten der beiden ersten Stände ein, sich mit ihm zu vereinigen
16.06.	Neunzehn Abgeordnete des Ersten Standes schließen sich dem Dritten Stand (communes) an
17.06.	Der Dritte Stand (communes) erklärt sich zur Nationalversammlung (Assemblée nationale)
19.06.	Die Mehrheit der Geistlichkeit und 80 Vertreter des Adels entscheiden sich für einen Anschluß an die Nationalversammlung. Abgeordnete beider privilegierter Stände, die gegen einen Zusammenschluß sind, wenden sich an den König. Der König ordnet für den 23. Juni eine Sitzung aller drei Stände an. Die Nationalversammlung wird davon nicht benachrichtigt
20.06.	Der Sitzungssaal der Nationalversammlung ist verschlossen. Die Abgeordneten begeben sich in einen Saal im nahegelegenen Ballspielhaus. Der Präsident Bailly verliest folgenden Schwur: „Die Nationalversammlung ... beschließt, ... nicht auseinander zu gehen und überall zusammenzutreten, wie die Umstände es erfordern werden, bis die Verfassung des Königreichs geschaffen und auf sicheren Grundlagen befestigt sein wird ...". Alle Abgeordneten leisten den Eid (Schwur im Ballhaus)
23.06.	Die vom König angeordnete gemeinsame Sitzung aller drei Stände findet statt. Der König läßt folgenden Text verlesen: „Ich befehle Ihnen, sich sofort nach Ständen zu trennen und sich morgen früh in den Sälen, die für Ihren Stand bestimmt sind, zu versammeln und dort Ihre Beratungen wieder aufzunehmen." Der König verläßt, gefolgt von den Abgeordneten des Adels und den hohen geistlichen Würdenträgern, den Saal. Der Großzeremonienmeister tritt auf die unbewegt und schweigend verharrenden Männer des Dritten Standes zu: „Meine Herren, Sie haben die Absichten des Königs vernommen." Es antworten: Bailly: „Die versammelte Nation hat keine Befehle entgegenzunehmen", Sieyès: „Ihr seid heute noch, was Ihr gestern gewesen seid", Mirabeau: „Wir lassen uns von unseren Plätzen nur durch die Macht der Bajonette vertreiben"
24.06.	Die Mehrheit der Geistlichkeit schließt sich der Nationalversammlung an. Der Erzbischof von Vienne übernimmt zeitweise den Vorsitz
25.06.	27 Vertreter des Adels schließen sich der Nationalversammlung an
27.06.	Der König fordert „seine getreue Geistlichkeit und seinen getreuen Adel" auf, sich der Nationalversammlung anzuschließen
07.07.	Die Nationalversammlung bildet einen Verfassungsausschuß

Vorschlag für ein Arbeitsblatt

Strukturanalytisches Modell

(siehe Fachwissenschaftliche Aspekte, S. 12)

4. Stunde: Vom Ancien Régime zur Republik

Zur didaktischen Funktion:

Bei der Behandlung der Beschlüsse der Nachtsitzung vom 4. auf den 5. August 1789 kann den Schülern die Beschleunigung historischer Prozesse, die allen Revolutionen eigen ist, deutlich vor Augen geführt werden. In wenigen Stunden werden Rechte, die seit Jahrhunderten für verschiedene Stände, Städte, Regionen gegolten haben, für nichtig erklärt. Hier kann mit den Schülern modellhaft das Problem von Kontinuität und Wandel in der Geschichte erörtert werden.

Bei der Behandlung ausgewählter Artikel der Erklärung der Menschen- und Bürgerrechte sind folgende Gesichtspunkte besonders hervorzuheben:

1. Das Absetzen von der alten Ordnung durch die Proklamation der Rechte. Die Souveränität liegt bei der Nation und nicht mehr bei einer Körperschaft oder Person, die der Nation nicht angehört.
2. Die positiven Setzungen, Ziele und Begründungen der neuen Ordnung. Hier geht die Zielrichtung der Fragen auf die Artikel, die Aussagen über Freiheit und Gleichheit erlauben. Damit sind zwei der Maximen der Revolution im Bewußtsein der Schüler verankert.
3. Die Absicherung der Rechte durch das Gesetz und nur durch das Gesetz. Die Behandlung der Verfassung von 1791 in Unterrichtsschritt 4 zeigt, wie die Ideen der Erklärung der Menschen- und Bürgerrechte zu einem konkreten Entwurf für den Staatsaufbau „maß-gebend“ wurden.

Der Begriff „Brüderlichkeit“ verdankte „seine Entstehung dem ideologischen Bedürfnis der Revolutionäre, die Ausbreitung der revolutionären Ideen und die Vereinigung von Revolutionären mit Nichtrevolutionären zu bezeichnen“ (vgl. Geschichtliche Grundbegriffe, Bd. 1, S. 569).
Das Dilemma ergibt sich, wenn die Verbrüderung nicht erfolgt und mit Gewalt erzwungen wird. So ist es „das Schicksal dieses Begriffes im 19. Jahrhundert gewesen, daß er für ideologische Expansionen mannigfacher Art in Anspruch genommen werden konnte“ (vgl. Geschichtliche Grundbegriffe, Bd. 1, S. 569).
Die Verfassung vom 3. September 1791 wird zum „Vorbild der kontinentalen Repräsentativverfassung für das ganze 19. Jahrhundert“ (E. Schmitt, Einführung ..., a.a.O., S. 20). Dies rechtfertigt ihre intensive Behandlung im Unterricht. Das vorgeschlagene Arbeitsblatt hebt besonders auf die Gewaltenteilung in der Verfassung von 1791 ab. Ein vereinfachtes Schema, welches aber die Grundzüge der Verfassung sehr deutlich zeigt, in: Geschichtliche Weltkunde 2, S. 129.

Ziele der Stunde:

Die Schüler erkennen,
- daß durch die Beschlüsse der Nationalversammlung die Rechtsordnungen des Ancien régime aufgelöst wurden
- daß die Maximen der Revolution „Freiheit und Gleichheit“ bis in unsere heutige Zeit die Verfassung von Staaten bestimmen
- daß „Brüderlichkeit“ zur Zeit der Revolution eine etwas andere Bedeutung als heute hatte
- daß mit der Verfassung von 1791 der konstitutionelle Rahmen für das bis dahin von der Revolution Erreichte geschaffen wurde.

Die Schüler erarbeiten
- eine protokollarische Übersicht über Beschlüsse der Nationalversammlung
- einen Katalog von Artikeln des Grundgesetzes der Bundesrepublik Deutschland, die auf die Menschenrechtserklärung zurückgehen
- die Beziehung der Gewalten in der Verfassung von 1791.

Verlaufsskizze:

Unterrichtsschritt 1:
Die Nationalversammlung beschließt die Aufhebung der Feudalordnung

Die Besprechung der Hausaufgaben – ergänzt um zusätzliche Informationen durch den Lehrer – führt zu folgenden Ergebnissen: Die Revolten in der Provinz beunruhigen die Abgeordneten der Nationalversammlung sehr; sie sind sich uneins in der Beurteilung der Aufstände und in den Konsequenzen, die die Nationalversammlung ziehen soll.
Der Herzog von Aiguillon rechtfertigt die Ausschreitungen der Bauern: „Das Volk versucht, endlich ein Joch abzuschütteln, das seit so vielen Jahrhunderten seinen Nacken

beugt, und wir müssen zugeben, meine Herren, daß dieser Aufstand wie jeder bewaffnete Übergriff zwar sträflich ist, aber doch entschuldigt werden kann mit der Bedrükkung, der das Volk ausgesetzt ist" (vgl. F. Furet u. D. Richet, a.a.O., S. 110).
Auswertungsfrage: Welche Reformen müssen durchgeführt werden? Die aus den Beschwerdeheften erarbeiteten Klagen der Bauern und die Diskrepanzen zwischen wirtschaftlicher Potenz und politischer Ohnmacht des Bürgertums können hier erneut aufgenommen werden.
Der Lehrer berichtet dann von den Beschlüssen, die die Nationalversammlung in der Nacht des 4. August 1789 faßte, die Schüler protokollieren mit (Tafel).

Stichworte:
1. Abschaffung der Leibeigenschaft (betrifft über 1 Mio. Franzosen).
2. Ablösung der Herrenrechte. Sie werden in Geld umgerechnet. Der Bauer muß solange Zinsen bezahlen, bis der veranschlagte Kaufpreis abgezahlt ist.
3. Abschaffung der grundherrlichen Gerichtsbarkeit.
4. Die Adligen verzichten auf ihre Jagdvorrechte und auf das alleinige Recht der Taubenhaltung.
5. Die Sonderrechte, welche für die einzelnen Provinzen und Städte galten (z.B. wirtschaftliche und steuerliche Vergünstigungen), werden abgeschafft (vgl. F. Furet u. D. Richet, a.a.O., S. 110f.; P. Hartig, Die Französische Revolution, S. 22f.).

Die Konsequenzen aus diesen Bestimmungen werden erörtert. Man kann sich an folgenden Fragen orientieren: Warum kann behauptet werden, daß durch diese Beschlüsse die alte Rechtsordnung in einer einzigen Nacht zerbrach? Wie wirkt sich die neue Vorschrift, statt Feudalleistungen erbringen zu müssen, nun Steuern zu zahlen, für die Bauern aus? Wer zieht den größten Nutzen aus der neuen Ordnung?

Mögliche Erweiterung:
Die Reaktion des Königs auf die Ereignisse der Nacht zum 4./5. August 1789 (Vorlesen des Lehrers oder zusammenfassender Bericht).
1. Der König lehnt den Verzicht der beiden „ersten Klassen" auf ihre Privilegien ab.
2. Er gibt den Befehl zur gewaltsamen Unterdrückung der revolutionären Bestrebungen in den Provinzen.

Beide Maßnahmen zeigen, wie wenig der König von den Vorgängen in seinem Land begriffen hatte und wie inadäquat seine Reaktionen waren (vgl. P. Hartig, Die Französische Revolution, a.a.O., S. 24f.).

Unterrichtsschritt 2:
Erklärung der Menschen- und Bürgerrechte

Den Schülern wird ein Quellenauszug aus der Erklärung der Menschen- und Bürgerrechte vorgelegt (vgl. z.B. P. Hartig, Die Französische Revolution, a.a.O., S. 25ff.; Grundzüge der Geschichte 3, Quellentaschenbuch, S. 59f.; F. Pietzcker, Revolutionen des Bürgertums, a.a.O., S. 46ff.; Fragen an die Geschichte 3, S. 136f.).

Folgende Artikel heben auf die erste Maxime (Freiheit) der Revolution ab:

Art. 1. Die Menschen sind von Geburt an frei.

Art. 2. Die Freiheit gehört zu den natürlichen und unverlierbaren Menschenrechten.

Art. 4. Die Freiheit wird näher definiert. In der Ausübung der Freiheit darf anderen nicht geschadet werden, ihre Grenzen werden durch das Gesetz bestimmt.

(Art. 7. Die Menschen verlieren ihre Freiheit nur, falls sie gegen das Gesetz verstoßen. Willkürakte werden bestraft. Wird das Gesetz rechtmäßig angewendet, muß Gehorsam geleistet werden.

Art. 9. Die Einschränkung der Freiheit bei Haft muß der Härte entbehren.)

Art. 10. Es herrscht Religionsfreiheit.

Art. 11. Es herrscht Gedanken- und Meinungsfreiheit. Die Meinung darf in jeder Form frei geäußert werden, falls sie nicht gegen die Gesetze verstößt.

Zur zweiten Maxime (Gleichheit):

Art. 1. Die Menschen besitzen von Geburt an gleiche Rechte. Soziale Unterschiede können nur auf das allgemeine Wohl begründet werden.

Art. 6. Alle Bürger sind vor dem Gesetz gleich. Sie genießen gleichen Schutz und werden bei Vergehen gleich bestraft. Jeder hat die gleichen Chancen, zu „Würden, Stellungen und öffentlichen Ämtern" zugelassen zu werden. Die rechtlich garantierte Chancengleichheit wird durch Unterschiede der Fähigkeiten, der Tüchtigkeit und der Begabung eingeengt.

Art. 13. Die Bürger werden gleichmäßig nach ihrem Vermögen besteuert.

Es bieten sich folgende Formen der Auswertung an:
Die Schüler erhalten eine Hektographie, die nach dem vorgeschlagenen Arbeitsblatt (s. S. 45) gestaltet ist und in einer Stillarbeitsphase ausgefüllt wird. Entweder werden die Ergebnisse der Quellenarbeit (Finden von Überschriften/Kurzfassungen) in die linke Spalte des Arbeitsblattes eingetragen. In der Hausaufgabe werden die entsprechenden Artikel GG ausgewertet. Eintrag in die rechte Spalte. Oder die Schüler ordnen diesen Artikeln die Artikel der Menschenrechtserklärung zu. Die Spalten des vorgeschlagenen Arbeitsblattes werden bei der Anfertigung ausgetauscht.
Es ergibt sich folgende Gruppierung:
Den Artikeln 1; 2; 4; 10; 11 der Menschenrechtserklärung (Themenbereich Freiheit) sind die Artikel 2; 1; 2; 4; 5 GG zuzuordnen. Bei der Behandlung der Maxime „Gleichheit" ist Artikel 6 der Menschenrechtserklärung Artikel 3 GG zuzuordnen.

Mögliche Erweiterung:
Vergleich der Aussagen der Menschenrechtserklärung mit den entsprechenden Sätzen aus der Unabhängigkeitserklärung der USA.
Hier kann auf die Rolle des Marquis de Lafayette hingewiesen werden. Stichworte: Teilnahme am amerikanischen Unabhängigkeitskrieg, Mitbringen amerikanischer Ideen ins vorrevolutionäre Frankreich, Vizepräsident der Nationalversammlung, Oberbefehlshaber der Pariser Nationalgarde, verfaßt mit Hilfe des amerikanischen Gesandten Thomas Jefferson (führend bei der Abfassung der amerikanischen Unabhängigkeitserklärung von 1776, 1785–1789 Gesandter in Paris, 3. Präsident der USA, 1801–1809) die Erklärung der Menschen- und Bürgerreche (vgl. I. Geiss, Geschichte griffbereit 2, rororo Tb 6236, S. 174 u. S. 177; R. Elze u. K. Repgen, Studienbuch Geschichte, a. a. O., S. 689; P. Sethe, Die großen Tage, dtv 313, 1965, S. 56 ff.).

Mögliche Erweiterung 2:
Vergleich der Artikel der Menschen- und Bürgerrechte mit den Artikeln der „Erklärung der Frauen- und Bürgerinnenrechte" durch Olympe de Gouges im September 1791. De Gouges war Anhängerin der konstitutionellen Monarchie und Gegnerin Robespierres. Sie wurde am 3. 11. 1793 hingerichtet. Die Artikel orientieren sich stark an der Erklärung der Menschen- und Bürgerrechte, bringen aber auch wichtige neue Gesichtspunkte (vgl. W. D. Behschnitt, Die Französische Revolution, a. a. O., S. 33).

Unterrichtsschritt 3:
Die dritte Maxime der Revolution: Brüderlichkeit

Die Problematik, die der Begriff „Brüderlichkeit" enthält, kann den Schülern durch folgende Schilderung verdeutlicht werden:
Am 19. 11. 1792 wurde ein Dekret erlassen, welches allen Völkern, die es wünschten, „fraternité et secours", also „Brüderlichkeit und Beistand", versprach. Man hoffte, andere Völker würden sich mit Frankreich verbrüdern und ebenfalls gegen ihre absolutisti-

schen Herrscher vorgehen. Dies geschah nicht. Als dann die Revolutionsheere (wir werden in einer der nächsten Stunden den revolutionären Krieg näher behandeln) fremde Gebiete erobert hatten, wurde „fraternité“ zwangsweise verordnet (vgl. Geschichtliche Grundbegriffe, Bd. 1, a. a. O., S. 566). Mögliche Fragen für ein Unterrichtsgespräch: Was verstehen die Revolutionäre unter „fraternité“? Worin liegt die Problematik von „fraternité“?

Mögliche Erweiterung. Definition von Hannah Arendt: „Eine Begeisterung für ‚neue Exemplare des Menschengeschlechts‘ (Herder) trug auch die Männer der Französischen Revolution, denen es nicht nur um die Befreiung der französischen Nation ging, sondern die hofften, unter den Farben der Trikolore alle Völker zu befreien und zu Nationen zu machen. Dies ist es, was ‚fraternité‘ meinte ...“ (vgl. F. Pietzcker, Revolutionen des Bürgertums, a. a. O., S. 53).
In einem Unterrichtsgespräch sollte intensiv auf die Problematik des Begriffes „Brüderlichkeit“ eingegangen werden.

Unterrichtsschritt 4:
Die Verfassung vom September 1791

Den Schülern wird das Schema der Verfassung vom September 1791 in einer Hektographie vorgelegt und im Unterrichtsgespräch ausgewertet. Während der Auswertung wird das Schaubild über den Tageslichtprojektor eingeblendet.

Die Auswertung orientiert sich an folgenden Leitfragen:

1. Wer/was steht an der Spitze der Verfassung?
2. Wie ist die Macht im Staat nach der Verfassung verteilt?
3. Welche Stellung hat der König?
4. Welche Rolle spielt das Volk?

Falls diese Fragen vorgegeben werden, kann Unterrichtsschritt 4 auch als Hausaufgabe gegeben werden.

Stichworte zu dem vorgelegten Schema der Verfassung von 1791: Das „Dach“ der Verfassung bilden die Menschen- und Bürgerrechte. Die Gewalten sind verteilt. Der König ist kein absoluter Herrscher mehr, sondern der Verfassung verpflichtet (Konstitutionelle Monarchie). Er wird von der Nationalversammlung kontrolliert und besitzt ihr gegenüber ein suspensives Veto. Der König ernennt und entläßt Minister, welche der Volksvertretung verantwortlich sind.
Die Nationalversammlung besitzt die gesetzgebende Gewalt, regelt die Außenpolitik und hat die Aufsicht über die Nationalgarde. Nationalgarde und „Außenministerium“ sind gleichsam ausführende Organe der Nationalversammlung, im Schema werden sie daher auf der Ebene der Fachminister eingetragen.
Die Richter und Geschworenen werden vom Volk (z. T. indirekt) gewählt, ein Kassationshof in Paris ist zuständig für die Korrektur von juristischen Formfehlern. Unter der unmittelbaren Aufsicht der Nationalversammlung steht der Oberste Gerichtshof, der für Ministervergehen und Staatsverbrechen zuständig ist (vgl. K. Griewank, Die Französische Revolution, a. a. O., S. 45 ff.). Die Verfassung unterschied zwischen Aktiv- und Passivbürgern. Im Mai 1791 waren von den 25 Mio. Franzosen 4 298 960 Aktivbürger. Es waren Männer über 25 Jahre, die eine jährliche direkte Steuer im Wert eines dreifachen Tageslohnes (2–3 Livres) eines ungelernten Arbeiters zahlten (vgl. W. D. Behschnitt, Die Französische Revolution, a. a. O., S. 50; F. Furet u. D. Richet, Die Französische Revolution, a. a. O., S. 151).
Die meisten Franzosen waren also Passivbürger: Frauen, alle Personen unter 25 Jahren, Personen ohne höheres Einkommen (Zensuswahlrecht).
Bei der Besprechung sind folgende Merkmale herauszuarbeiten: Die Verfassung ist gekennzeichnet durch Gewaltenteilung und Zensuswahlrecht. Der König herrscht nicht mehr absolut, sondern ist durch die Verfassung gebunden: Konstitutionelle Monarchie. War die Teilhabe an der Macht im Ancien ré-

Vorschlag für ein Arbeitsblatt (4. Stunde, Unterrichtsschritt 2)

Vergleich von Artikeln des Grundgesetzes der Bundesrepublik Deutschland mit Artikeln der Erklärung der Menschenrechte

Menschenrechtserklärung vom 26. August 1789	*Grundgesetz der Bundesrepublik Deutschland vom 23. Mai 1949*
Zielsetzung:	*Zielsetzung:*
Freiheit:	*Freiheit:*
______________________	______________________
______________________	______________________
Art. 1 ________________	Art. 2 ________________
______________________	______________________
Art. 2 ________________	Art. 1 ________________
______________________	______________________
Art. 4 ________________	Art. 2 ________________
______________________	______________________
Art. 10 _______________	Art. 4. _______________
______________________	______________________
Art. 11 _______________	Art. 5 ________________
______________________	______________________
Gleichheit:	*Gleichheit:*
Art. 6 ________________	Art. 3 ________________
______________________	______________________

Die Forderungen werden abgesichert durch:

Das Gesetz	*Die Verfassung*

Vorschlag für ein Arbeitsblatt (4. Stunde, Unterrichtsschritt 4)

Die Verfassung von 1791

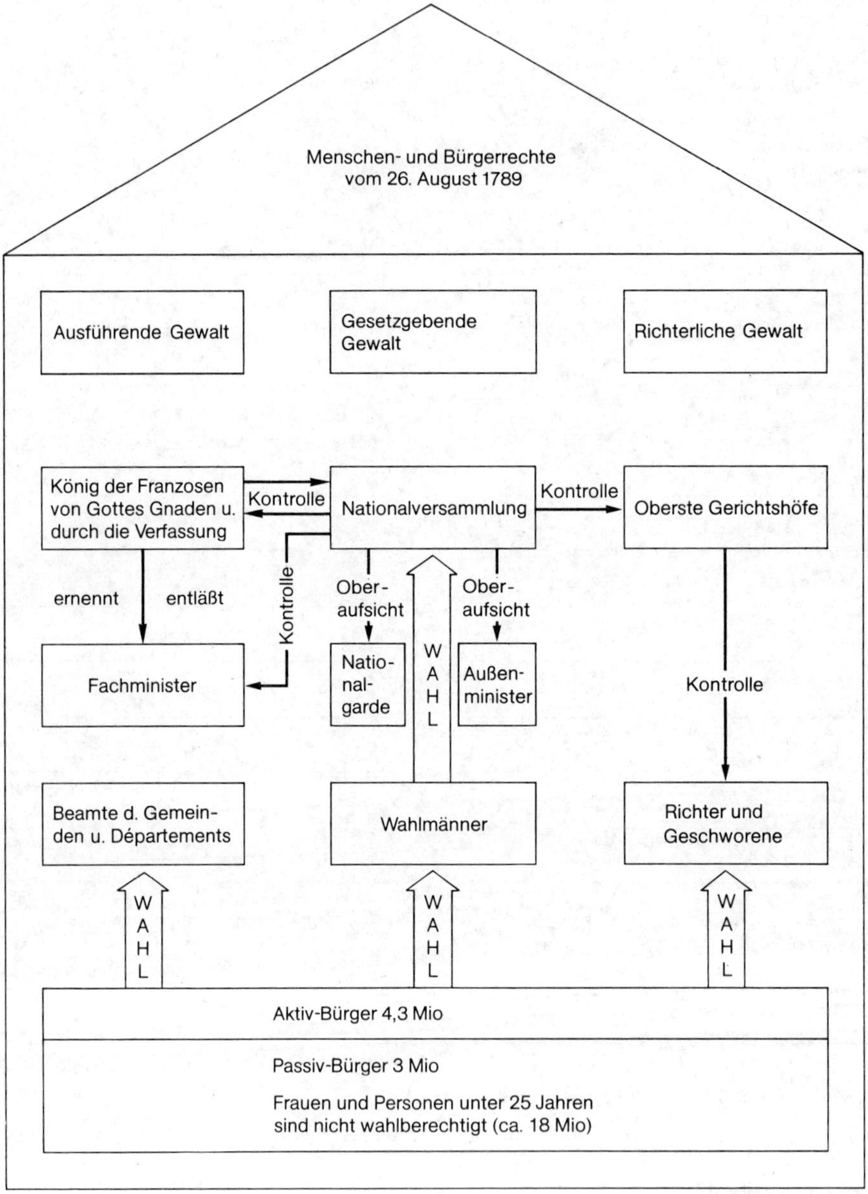

gime durch Geburt festgelegt, so gelangt nun das Besitzbürgertum zur Macht.
Die wesentlichen Merkmale der Verfassung werden in einem Hefteintrag festgehalten. Außerdem sollten an dieser Stelle die noch fehlenden Angaben in das Arbeitsblatt „Strukturanalytisches Modell" (s. 3. Stunde, Unterrichtsschritt 8) eingetragen werden.

Mögliche Alternativen bzw. Erweiterungen:

- Die Besprechung der Verfassung erfolgt an Schemata, die in Lehrbüchern vorgegeben sind (vgl. z. B. Das Werden des nationalen Staates 3, S. 76; Fragen an die Geschichte 3, S. 137; Geschichtliche Weltkunde 2, S. 129; Zeiten und Menschen 3, S. 71).
- Das Schema der Verfassung wird mit dem Schema des Aufbaus des absolutistischen Staates verglichen (vgl. Stundenblätter Der Absolutismus, a. a. O., S. 40). Der grundlegende Wechsel in der Rolle des Königs und des Volkes könnte herausgearbeitet werden. Es wären zwei weitere Unterrichtsschritte anzuschließen:
  1. Das Verhältnis von Revolution und Kirche (Stichworte: Enteignung, Priestereid, Konflikt mit dem Papst).
  2. Die wirtschaftliche Entwicklung (Enteignung, Nationalgüter, Assignaten, Umschichtung von Grundbesitz und Kapitalien).
- Die Schüler erarbeiten an Quellen (vgl. P. Hartig, Die Französische Revolution, a. a. O., S. 28 ff.; F. Pietzcker, Revolutionen des Bürgertums, a. a. O., S. 61 ff.; P. Lautzas, Die Französische Revolution, a. a. O., S. 46 f.; W. D. Behschnitt, Die Französische Revolution, a. a. O., S. 50 ff.) den Aufbau der Verfassung von 1791. Dies erfordert sehr viel Zeit. Man kann auch Teile des Schemas vorgeben und nach ausgewählten Quellen das Schema dann im Unterrichtsgespräch ergänzen.
- Die Schüler verfassen (Hausaufgabe/Gruppenarbeit) ein Idealschema für eine Verfassung nach dem Zusammenbruch des Ancien régime. Diese Verfassung wird dann der „wirklichen" von 1791 gegenübergestellt.

Hausaufgabe:

1. Ergänzung des Arbeitsblattes um die entsprechenden Artikel aus dem GG.
2. Zusammenfassung der Vorgänge, die schließlich zur republikanischen Verfassung in Frankreich führten, nach dem Lehrbuch.

5. Stunde: Die Rolle des Königs und der Königin in der Revolution

Zur didaktischen Funktion:

Max Weber sprach einmal davon, „daß ein geköpfter Fürst eine befreiende Emanzipationswirkung in der gesamten folgenden Geschichte auslösen könne, denn der Nimbus der großen Vaterfigur könne dann nicht mehr wie vorher ungebrochen fortbestehen" (Zitat nach: H.-U. Wehler, Das Deutsche Kaiserreich 1871–1918, Göttingen 1973, S. 133; zur Marter und öffentlichen Hinrichtungen vgl. M. Foucault, Überwachen und Strafen, Frankfurt ²1977, S. 9 ff.).
In der Stunde beschäftigen sich die Schüler mit der Rolle, die Ludwig XVI. und seine Frau in der Revolution spielten. Also wieder hin zur „Personalisierung im Geschichtsunterricht", statt der Verherrlichung „großer Männer, die Geschichte machen", nun ihre Verdammung (vgl. Klaus Bergmann, Personalisierung im Geschichtsunterricht – Erziehung zur Demokratie?, Anmerkungen und Argumente 2, Stuttgart ²1977)? In dieser Stunde kann den Schülern gezeigt werden, daß „die historische Persönlichkeit, eingebunden in Strukturen, mehr Funktionsträger und Repräsentant als geschichtsgestaltende Persönlichkeit ist" (ibid. S. 40).
Wenn in den ersten 4 Stunden Wirtschafts-, Sozial- und Strukturgeschichte im Vordergrund des Interesses standen, so soll in dieser Stunde das Verhalten des höchsten Funktionsträgers und Repräsentanten in einer weltgeschichtlich bedeutenden Epoche untersucht werden. Die Unfähigkeit des Königs, sich an die sich verändernden Strukturen anzupassen, was dazu führte, daß er immer weniger in den Gang der Dinge eingreifen konnte, kann mit Furet und Richet dafür verantwortlich gemacht werden, daß die Re-

volution die Phase des Terrors durchlaufen mußte (vgl. F. Furet u. D. Richet, Die Französische Revolution, a.a.O., S.160).
Die Stunde setzt nach dem Prinzip der reduzierten Chronologie mit dem Ende des französischen Königs ein.
Der Einstieg soll Impuls für die Schüler sein, herausfinden zu wollen, wie es zu solch einem Ende kommen konnte. Durch die Beurteilung des Verhaltens des Königs werden zum Teil schon bekannte Sachverhalte (Zeittafel; vgl. 3.Stunde, Unterrichtsschritt 5) wieder aufgenommen und von einer anderen Seite her gesehen.
Ist also Perspektivenwechsel ein Leitmotiv, welches die Stunde durchzieht, so ist Rekapitulation ein anderes. Rekapitulation aber nicht im Sinne bloßen Wiederholens, sondern einer Verdeutlichung und Festigung mit Hilfe eines „zweiten Durchgangs". So wird der Einfluß der Pariser Bevölkerung im Zug der Frauen nach Versailles und der anschließenden gewaltsamen Überführung des Königs nach Paris auf den Gang der Ereignisse noch einmal hervorgehoben. Dem zunehmenden Verlust der Macht des Königs, der Demontage seiner politisch-rechtlichen Stellung, widmet sich der Schluß der Stunde. Sie wird beschlossen, wie sie begann: mit der Betrachtung eines unerhörten Ereignisses – eines Königsmordes.

Ziele der Stunde:

Die Schüler erkennen,
- daß die Macht eines absolutistischen Herrschers gebrochen wurde
- daß der Machtverlust schrittweise erfolgte
- revolutionäre Akte der Bürger an der Demontage des Herrschers maßgebend beteiligt waren
- daß das Verhalten des Königs den Machtverlust mitdeterminierte.

Die Schüler beurteilen
- das Verhalten eines obersten Repräsentanten eines Staates in der Zeit revolutionärer Umwälzungen
- das Problem des Verhältnisses von Macht und Gewalt.

Verlaufsskizze:

Unterrichtsschritt 1:
Bild der Hinrichtung Ludwigs XVI.

(Vgl. V-Dia-Verlag; Jünger Verlag; FWU 100373; Geschichtliche Weltkunde 2, S. 131; Zeiten und Menschen 3, S. 73; Spiegel der Zeiten 3, S. 89; Menschen in ihrer Zeit 3, S. 71; Damals und heute 4, S. 13; Damals und heute 2, S. 47; Das Werden des nationalen Staates 3, S. 78; Fragen an die Geschichte 3, S. 125).
Die Konfrontation mit dem Bild der Hinrichtung des Königs soll als Impuls dienen, die Schüler fragen zu lassen, wie es zu einem solchen Ende kommen konnte.
Die Schüler stellen Vermutungen auf. Die Vermutungen lassen sich in zwei große Gruppen einteilen: Faktoren, die in der Herrscherpersönlichkeit selbst begründet sind, und Faktoren der Geschichte, in der der Herrscher lebte.

Unterrichtsschritt 2:
Ludwig XVI. und Marie-Antoinette

Lehrervortrag. Der Lehrer skizziert kurz das Leben Ludwigs XVI. bis zum Jahre 1789. Stichworte: geboren 1754, übernahm mit 20 Jahren die Regierung, Nachfolger Ludwigs XV., dessen Enkel er war. Er „besaß hohe ethische Qualitäten, er war pflichtbewußt, gewissenhaft, im Gegensatz zu seinen beiden Vorgängern sittenstreng, persönlich anspruchslos. Er lernte das Schlosserhandwerk und arbeitete häufig am Amboß und an der Werkbank. Er besaß keine geistigen und

künstlerischen Interessen, war ängstlich und unentschlossen, von langsamer Auffassung“ (vgl. E. Weis, Frankreich von 1661–1789, in: Handbuch der europäischen Geschichte, a. a. O., S. 241). Er berief einige fähige Minister (z. B. Turgot) in seine Regierung, die sich besonders um die Sanierung der Finanzen bemühten. Es gelang nicht, gegen den Widerstand der privilegierten Stände Reformen durchzusetzen. Unter deren Druck opferte er fähige Mitarbeiter.
1770 wurde er mit Marie-Antoinette, Tochter Maria Theresias, verheiratet. Marie-Antoinette war beim Volk als „l’Autrichienne“ verhaßt. Sie baute sich, vom König vernachlässigt, ein idyllisches „Privatleben“ auf und begünstigte verschiedene Adelsfamilien nach Gutdünken. Die Etikette beachtete sie wenig und nahm nur selten Rücksichten auf Volksempfinden und Staatsinteresse (nach K. Griewank, Die Französische Revolution, a. a. O., S. 9f). Den ihr zugeschriebenen Satz: „Wenn sie kein Brot haben, sollen sie doch Kuchen essen“ (gemeint waren die armen Leute), soll sie nie ausgesprochen haben (vgl. V. Cronin, Ludwig XVI. und Marie-Antoinette, a. a. O., S. 9).
In einem Unterrichtsgespräch können Eigenschaften und Maßnahmen des Königs und der Königin, die für ihre spätere Entmachtung von Bedeutung sind, zusammengefaßt werden (z.B. Unentschlossenheit, Ängstlichkeit, Königin ist Ausländerin, Günstlingswirtschaft). Die persönlichen Eigenschaften werden an der Tafel festgehalten, sie werden im Laufe der Stunde ergänzt.

Unterrichtsschritt 3:
Der König im Konflikt mit den Ständen

Die schon verwendete Zeittafel wird noch einmal herangezogen und von einer anderen Perspektive – nun zur Beurteilung des Königs – ausgewertet. Die Einberufung der Generalstände wird als Zeichen der Schwäche des Königs interpretiert, er muß Konzessionen anbieten, um Abhilfe für den Staatsbankrott zu schaffen. Das Offenlassen des Abstimmungsmodus’ trägt dazu bei, daß er den Gang der Verhältnisse nicht mehr selbst bestimmen konnte. Im Konflikt mit dem Dritten Stand am 23. 6. 1789 zeigt er Härte, er läßt Truppen zusammenziehen, er gibt konkrete Anweisungen, die dann von der Nationalversammlung nicht akzeptiert werden, worauf er keine Konsequenzen zieht.

Unterrichtsschritt 4:
Der König im Konflikt mit den Bürgern von Paris

Den Schülern wird eine Hektographie vorgelegt mit Tagebucheinträgen des Königs: „Dienstag, den 7. (Juli): Hirschjagd in Port-Royal, zwei erlegt. Mittwoch, den 8.: Nichts. Donnerstag, den 9.: Nichts. Gesandtschaft der Stände. Freitag, den 10.: Nichts. Antw.(ort) an die Gesandtschaft der Stände. Samstag, den 11.: Nichts. Abreise von Herrn Necker. Sonntag, den 12.: Abendandacht. Abreise von Herrn de Moutmorin, Saint-Priest und La Luzerne. Montag, den 13.: Nichts. Dienstag, den 14.: Nichts“ (vgl. W. D. Behschnitt, Die Französische Revolution, a. a. O., S. 47; das „Nichts“ bezieht sich auf das Jagdglück des Königs).
Seinem Kammerherrn gegenüber kommentierte er die Ereignisse des 14. Juli folgendermaßen: „Das ist also eine Revolte?“ Darauf dieser: „Nein, Sire, das ist eine Revolution“ (nach: I. Stephan, a. a. O., S. 76).
Die Stellen zeigen, wie wenig der König von den revolutionären Vorgängen begriffen hatte. Auch seine Reaktion auf die Ereignisse der folgenden Tage zeigt dies:

15.7. Die Aufständischen wählen die Farben blau und rot, die Farben von Paris, zu ihrem Erkennungszeichen
16.7. Der König läßt die Truppen abziehen. Man fügt die weiße Farbe der Bourbonendynastie den Farben blau und rot hinzu: die dreifarbige Kokarde/Trikolore ist entstanden

17.7. Der König begibt sich nach Paris. Bailly, Präsident der Nationalversammlung, seit 15.7. Bürgermeister von Paris, bietet dem König das Erkennungszeichen der Franzosen an. Der König steckt es freundlich an seinen Hut (vgl. W. D. Behschnitt, Die Französische Revolution, a.a.O., S.47)

Der König gratulierte der Bevölkerung zum gelungenen Sturm auf die Bastille. Viele seiner Anhänger waren von seinem Verhalten schockiert, die Emigration begann (vgl. R. Elze u. K. Repgen, Studienbuch Geschichte, a.a.O., S.688).

Unterrichtsschritt 5:
Die königliche Familie in der Gewalt der Pariser Bevölkerung

Lehrervortrag (kann durch ein Schülerreferat ersetzt werden).
Schilderung des Zuges der Marktfrauen nach Versailles und der gewaltsamen Überführung der königlichen Familie nach Paris.
Stichworte: Auf einem Bankett am 1. Oktober im Schloß in Versailles reißen Adelige die blau-weiß-rote Kokarde von ihren Kleidern und zertreten sie unter ihren Füßen. Das Ereignis wird am 3. Oktober in Paris bekannt und ruft große Empörung hervor. Am 5. Oktober versammeln sich Gruppen von Frauen und als Frauen verkleidete Männer (spontan oder organisiert – dies ist bis heute nicht ganz sicher) aus dem Vorort St. Antoine und dem Markthallenviertel vor dem Rathaus. Man verlangt Brot und ist über das Verhalten der Aristokraten, das als Zeichen einer Verschwörung interpretiert wird, empört. Man beschließt, nach Versailles zu ziehen (rund 14 km von Paris entfernt). Die Menge erhält immer mehr Zulauf. Als man in Versailles ankommt, sind es rund 10000 Menschen. Während die Frauen nach Versailles ziehen, werden in Paris unter dem Läuten der Sturmglocken 15000 Soldaten der Nationalgarde zusammengezogen. Sie folgen dem Zug der Frauen von Paris nach Versailles.
Die Frauen dringen am späten Nachmittag in den Sitzungssaal der Nationalversammlung ein und besetzen ihn. Am Abend kehrt Ludwig XVI. von der Jagd heim und empfängt eine Delegation der Frauen. Er verspricht ihnen Mehl und Brot. Gegen 23.00 Uhr treffen die Soldaten der Nationalgarde in Versailles ein. König und Hof gehen schlafen, die Frauen kampieren vor dem Palast. Man entzündet Lagerfeuer und hält sich durch revolutionäre Lieder wach. Am Morgen des 6. Oktober dringen die Frauen in den Schloßhof ein, sie gelangen bis zu den Gemächern der Königin. Der Ruf erschallt: „Nach Paris! Nach Paris!“
Um ein Uhr beginnt der Zug zurück nach Paris: Voran die Nationalgarde, hinter ihr die königliche Familie, Abgeordnete der Nationalversammlung; es folgt die Volksmenge mit Mehlkarren und Getreidewagen. Sie rufen: „Wir bringen den Bäcker, die Bäckersfrau und den Bäckerjungen!“ Gegen 22.00 Uhr betritt die königliche Familie das Tuilerienschloß (nach V. Cronin, Ludwig XVI. und Marie-Antoinette, a.a.O., S.394f.; A. Castelot, Marie-Antoinette, a.a.O., S.224f.; G. Pernoud u. S. Flaissier, Die Französische Revolution in Augenzeugenberichten, a.a.O., S.61ff.; F. Furet u. D. Richet, Die Französische Revolution, a.a.O., S.119ff.; die angegebene Literatur eignet sich für ein Schülerreferat).

Die Schüler beurteilen die Situation:
- der König geht wieder einmal ahnungslos auf die Jagd
- er wird von seinen Soldaten ungenügend geschützt
- er muß dem Druck der Frauen nachgeben
- er muß sein Schloß verlassen (Symbol der Macht verloren)
- in Paris ist er praktisch Gefangener der Bevölkerung.

Mögliche Erweiterung:

Zitat aus F. Schillers „Das Lied von der Glocke“

„Weh, wenn sich in dem Schoß der Städte
Der Feuerzunder still gehäuft,
Das Volk, zerreißend seine Kette,
Zur Eigenhilfe schrecklich greift!
Da zerret an der Glocke Strängen
Der Aufruhr, daß sie heulend schallt
Und, nur geweiht zu Friedensklängen,
Die Losung anstimmt zur Gewalt.

Freiheit und Gleichheit! hört man schallen,
Der ruhge Bürger greift zur Wehr,
Die Straßen füllen sich, die Hallen,
Und Würgerbanden ziehn umher,
Da werden Weiber zu Hyänen
Und treiben mit Entsetzen Scherz ...
Nichts Heiliges ist mehr, es lösen
Sich alle Bande frommer Scheu,
Der Gute räumt den Platz dem Bösen,
Und alle Laster walten frei.“

(Nach: Sämtliche Werke, G. Fricke u. H. G. Göpfert, München [3]1962)

Dem Gedichtsauszug kann eine Wertung des Zuges nach Versailles durch Lord Acton gegenübergestellt werden: „Sie handelten spontan als Mütter, deren Kinder in Elendsquartieren Hungers starben, und damit liehen sie den Antrieben, welche sie weder teilten, noch auch nur verstanden, die diamantene Härte, der nichts widerstehen konnte“ (zitiert nach: H. Arendt, Über die Revolution, a. a. O., S. 143).
Formen möglicher Auswertung:
Das Gedicht Schillers wird mit den Aussagen des Lehrervortrags (Schülerreferats) verglichen (Schoß der Städte – Faubourg St. Antoine; Feuerzunder – revolutionäre Situation, Brotknappheit; Glocke Strängen – Läuten der Sturmglocken; Hallen – Versammlungsort der Nationalversammlung).
Durch den Vergleich der beiden Zitate „werden Weiber zu Hyänen“ und „Mütter, deren Kinder Hungers starben“ kann eine Bewertung der Aktion des Volkes erarbeitet werden. Die Wertung kann dazu führen, den Sieg der Frauen über den König besser zu verstehen.

Unterrichtsschritt 6:
Die Flucht der königlichen Familie nach Varennes am 20. 6. 1791

Dramatisierte Geschichtserzählung (Lehrervortrag/Schülerreferat).

Stichworte: Gerüchte über eine Flucht des Königs gab es schon vor dem gescheiterten Versuch. Die Flucht wurde lange vorbereitet. Zunächst sollten königstreue Truppen in Lothringen und den Bistümern Metz, Toul und Verdun erreicht werden. Im Tuilerien-Schloß war eine Gartenpforte unbewacht, durch die der König mit seiner Familie entkommen konnte. Vor der Pforte wartete eine Postkutsche, die ein Vertrauter der Königin (Axel von Fersen) gekauft hatte. Während der Fahrt wurde der genau ausgeklügelte Zeitplan nicht eingehalten. In Sainte-Menehould wurde der König vom Sohn des Postmeisters, welcher die Pferde wechselte, erkannt. Der Postmeister Drouet informierte die Ortsverwaltung, man verfolgte die königliche Kutsche, welche bei Varennes überholt werden konnte. Drouet ließ eine Brücke sperren, informierte den Bürgermeister von Varennes, welcher die königliche Familie festnehmen ließ. Am 25. 6. 1791 kehrte die königliche Familie, bewacht von der Nationalgarde, nach Paris zurück (vgl. V. Cronin, Ludwig XVI. und Marie-Antoinette, a. a. O., S. 421 ff.; A. Castelot, Marie Antoinette, a. a. O., S. 240 ff.; G. Pernoud u. S. Flaissier, Die Französische Revolution in Augenzeugenberichten, a. a. O., S. 77 ff.; Zeitbild, 1789–1794, a. a. O., S. 57 ff.).
Auswertung im Unterrichtsgespräch durch Gegenüberstellung des Zuges von Versailles nach Paris mit der Flucht nach Varennes (s. Tafelbild Stundenblatt zur 5. Stunde).

Unterrichtsschritt 7:
Absetzung und Hinrichtung des Königs

Man rekapituliert die Stellung des Königs in der Verfassung von 1791. Weitere Stichworte für den Lehrervortrag: Endgültige Entmachtung des Königs. Seit dem 20. 4. 1792 steht Frankreich im Krieg mit Österreich. Auch Ludwig XVI. erhofft vom Krieg Lösung der innenpolitischen Konflikte. Statt Revolution im Inneren, Krieg nach außen. Im Land befürchtet man, daß eine Gegenrevolution ausbrechen werde. Am 3.8.1792 fordern 47 der 48 Sektionen von Paris die Absetzung des Königs.

Am 10.8.1792 stürmt eine große Volksmenge den königlichen Palast, die Tuilerien. Der Befehlshaber der Nationalgarde ist inzwischen ein Braumeister aus dem Faubourg St. Antoine (nun Sektion Quinze-Vingts). Die Nationalgarden werden hauptsächlich von Handwerkern, Kleinhändlern und Arbeitern unterstützt. Verstärkung erhalten die Aufständischen auch von Soldaten aus Marseilles und Brest und aus den Provinzen. Das Schloß des Königs wird von Schweizergarden verteidigt.

Der König, der bei Beginn des Aufstandes mit Frau und Kindern das Schloß verlassen und sich in den Schutz der Nationalversammlung begeben hat, die in einem Nebengebäude tagt, wird von der Nationalversammlung vorläufig seines Amtes enthoben.

Am 21.9.1792 tritt eine neue Volksvertretung, der Nationalkonvent, zusammen, welche in der ersten Sitzung die Abschaffung der Monarchie beschließt. Frankreich wird zur „einheitlichen und unteilbaren Republik" erklärt.

Am 11.12.1792 beginnt der Prozeß gegen den König, am 21.1.1793 wird er öffentlich hingerichtet (nach F. Furet u. D. Richet, Die Französische Revolution, a.a.O., S. 199ff.; W. Markov u. A. Soboul, 1789. Die Große Revolution der Franzosen, a.a.O., S. 227ff.).

Im Unterrichtsgespräch sollten folgende Punkte herausgearbeitet werden:

- Bedrohung durch das Ausland (wird in der 6. Stunde ausführlich behandelt)
- wie beim Sturm auf die Bastille spielen die Bürger und Kleinbürger von Paris eine große Rolle. Sie werden nun jedoch, da die Revolution das ganze Land erfaßt hat, von Bürgern anderer Städte und der Provinzen unterstützt
- beim Angriff auf die Tuilerien wird nicht das Symbol der absolutistischen Macht bezwungen, sondern der König selbst abgesetzt
- mit der Ausrufung der Republik wird die Königsherrschaft verfassungsmäßig eliminiert
- der Demontage des rechtlich-politischen Status folgt die physische Vernichtung des Königs.

Die Ergebnisse der einzelnen Unterrichtsschritte werden chronologisch an der Tafel festgehalten. Eine Gesamtbeurteilung des Königs reflektiert die persönlichen Eigenschaften und das daraus resultierende Verhalten gegenüber seiner Umwelt. Als Hausaufgabe erhalten die Schüler den Auftrag, die Rolle des Königs anhand des Lehrbuchs zu erarbeiten und mit dem Ergebnis der Stunde zu vergleichen.

Mögliche Erweiterung 1

Zum Sturm auf die Tuilerien: Vergleich von Augenzeugenberichten vom Sturm auf die Tuilerien. Geeignete Texte bietet: Fragen an die Geschichte 3, S. 140f.; G. Pernoud u. S. Flaissier, Die Französische Revolution in Augenzeugenberichten, a.a.O., S. 144ff.; W. D. Behschnitt, Die Französische Revolution, a.a.O., S. 65f.

Mögliche Erweiterung 2

Zur Verurteilung Ludwigs XVI.: Der Lehrer zitiert aus Reden, die den Tod des Königs fordern, z.B. Saint-Just: „Richtet den König, den Tyrannen!" oder Robespierre: „Ludwig muß sterben!" (vgl. P. Hartig, Die Französische Revolution, a.a.O., S. 44ff.; ausführlicherer Text bei: P. Fischer [Hrsg.], Reden der Französischen Revolution, a.a.O., S. 217ff. und S. 250ff.; es finden sich noch weitere Reden zum Prozeß und zur Stellung des Königs in diesem Band). Falls die zur Verfügung stehende Unterrichtszeit dies zuläßt, sollten Auszüge aus den Reden der beiden Revolutionäre vorgelegt und die Argumente miteinander verglichen werden.

Mögliche Alternative

Einige Schüler erhalten die Texte nach der vierten Stunde. Die Hälfte der Schüler sammelt die Argumente, die für die Hinrichtung des Königs vorgebracht werden, die andere Hälfte die Gegenargumente. Sie entwerfen eine eigene Anklageschrift bzw. ein eigenes Plädoyer. Dabei werden die Ergebnisse der Unterrichtseinheit mit berücksichtigt. Gegen Ende der Stunde werden in einem Rollenspiel die Anklage- und Verteidigungsreden gehalten. Der Lehrer spielt die Rolle Ludwigs XVI. und erhält auch Gelegenheit, auf die Argumente einzugehen.

Nach den Anklage- und Verteidigungsreden stimmt die Klasse ab. Das Abstimmungsergebnis der Klasse wird mit dem Abstimmungsergebnis des Konvents verglichen (366 von 721 Stimmen für Todesstrafe; die Abstimmung in der Klasse fällt meistens nicht so knapp aus). Falls der Lehrer „zum Tode verurteilt" wurde, was mit großer Mehrheit zu erwarten ist, reicht er wie Ludwig XVI. drei Gesuche ein: „Er wünscht drei Tage Aufschub, um sich auf den Tod vorzubereiten, die Erlaubnis, seine Familie ohne Zeugen sehen zu dürfen, und die Genehmigung, einen nicht vereidigten Priester zu rufen" (die beiden letzten Bitten wurden vom Konvent gewährt). Dann kündigt er an, er werde „mit gutem Appetit zwei Hühnerflügel und ein wenig Gemüse, ... zwei Gläser wasservermischten Wein ... und zum Nachtisch einen kleinen Löffelbiskuit mit Malagawein" zu sich nehmen. Dann wolle er eine geruhsame Nacht verbringen (Zitate aus: F. Furet u. D. Richet, Die Französische Revolution, a.a.O., S.237).

Bei den Schülern wird durch ein solches Spiel nicht der Eindruck erweckt, man treibe „mit Entsetzen Scherz". Falls das Vorgehen vom Lehrer oder auch von den Schülern problematisiert wird, können sich tiefgreifende Gespräche über die Anwendung von Gewalt und über die Todesstrafe ergeben.

Tafelbild:

Siehe Stundenblatt 5.

6. Stunde: Der revolutionäre Krieg gegen die äußeren Feinde

Zur didaktischen Funktion:

Schwerpunkte dieser Stunde sind die neue Art der Kriegsführung und deren Konsequenzen. Sie wird unter die mittelstufengemäße Leitfrage gestellt: Warum war Frankreich militärisch erfolgreich?
Im Mittelpunkt der Stunde steht nicht der chronologische Kriegsablauf nach dem üblichen Behandlungsschema Anlaß, Ursachen, Verlauf, Ergebnis und Folgen, auch nicht die militärischen Leistungen einzelner, wie etwa Napoleons.
Zunächst muß auf den Doppelcharakter des Krieges hingewiesen werden. Die Girondisten wollen den Krieg, Teile der Jakobiner wollen ihn nicht (vgl. W. Grab [Hrsg.], Die Französische Revolution, a.a.O., S.15f.). Als der Krieg sich ausweitet, brauchen die Girondisten die Unterstützung der Jakobiner und der Sansculotten. Der von ihnen entfesselte Krieg erhält eine Eigendynamik und wird selbst zum Motor der revolutionären Entwicklung. Er entwickelt nationale Emotionalität, bietet ein Ventil für aggressive Gruppenenergie, umfaßt die ganze Bevölkerung, zwingt andererseits zu außergewöhnlichen repressiven Maßnahmen gegenüber der eigenen Bevölkerung, erlaubt das Prinzip der Gleichheit zu praktizieren – égalité als Gleichheit der unbequemen Pflichten.
Die mit der Revolution im Zusammenhang stehenden kriegerischen Auseinandersetzungen sollen als neuer Typus internationaler Konflikte dargestellt werden. Statt der traditionellen Auseinandersetzung zweier Herrscherhäuser oder Herrschaftsgruppen gleicher Art – nun der Krieg zwischen dem bürgerlich-republikanisch strukturierten Frankreich und den feudal-absolutistischen Ordnungssystemen. Die traditionelle Auseinan-

dersetzung – das ist der begrenzte, nur für den König und die Soldaten wichtige, nach festen Spielregeln ablaufende, von der Bevölkerung isolierte Kabinettskrieg. Der neue Krieg – das ist die grenzenlose, die Regierenden und die gesamte Bevölkerung betreffende, emotional vorbereitete, weitgehend unkontrollierte *Völkerschlacht.*
Die revolutionären Änderungen wirken sich auch auf die Kriegsführung und auf die militärische Leistungsfähigkeit aus. Andererseits müssen die negativen Auswirkungen dieser neuen Art der Kriegsführung aufgezeigt werden: Unter dem Plakat der Verteidigung der revolutionären Errungenschaften erfolgt die emotionale Aufheizung des Kriegsgeschehens; die „edlen" Ziele der Rettung des Vaterlandes und der Befreiung anderer rechtfertigen alle Mittel der kriegerischen Gewalt. Schließlich wird aus der Vaterlandsverteidigung die Unterjochung anderer Völker, aus dem Befreiungskrieg ein Eroberungskrieg (vgl. Fischer Weltgeschichte Bd. 26, S. 88 f.).
Ein Transfer dieser Erkenntnisse auf die kriegerischen Auseinandersetzungen der jüngsten Vergangenheit und der Gegenwart drängt sich auf, wird aber erfahrungsgemäß auf eine nur oberflächliche Behandlung dieser Erscheinungen beschränkt bleiben müssen. In der Konzeption dieser Stunde ist deshalb darauf verzichtet worden.
(Über die taktische und strategische Seite des Krieges findet man eine ausführliche Darstellung bei W. Kleinknecht u. Krieger, Handbuch des Geschichtsunterrichts, Bd. IV, S. 235 ff., und in The New Cambridge Modern History VIII, S. 190 ff.)

Ziele der Stunde:

Die Schüler erkennen,
- daß der Kriegsausbruch von zwei Seiten gewünscht wurde
- daß die Motivation eines französischen Revolutionssoldaten sich von der eines preußischen Söldners unterscheidet
- daß die Heranziehung der ganzen Bevölkerung eine neue Qualität in der Kriegsführung darstellt
- daß es taktische Änderungen gab
- daß diese Neuerungen Konsequenzen hatten.

Die Schüler erarbeiten
- aus Karten und Bildern die militärische Ausgangslage und die Ergebnisse der Revolutionskriege aus zeitgenössischen Reden und Dekreten und aus den Informationen des Lehrers die Umstände des Kriegsausbruchs, die Motivation und die Kampfweise der Revolutionssoldaten.

Die Schüler beurteilen
- die Konsequenzen und Auswirkungen der neuen Art der Kriegsführung

Verlaufsskizze:

Unterrichtsschritt 1:
Gegensatz ungünstige Ausgangslage – militärischer Erfolg

Zunächst werden die Schüler mit einer Abbildung von Revolutionssoldaten konfrontiert, die erste Eindrücke provozieren soll (z. B. Zeiten und Menschen, Ausgabe B3, S. 75).
Dann werden diesem Eindruck zwei Karten, die das Gebiet Frankreichs vor Beginn der Revolutionskriege 1792/93 und im Jahr 1805 zeigen, gegenübergestellt (Atlas zur Weltgeschichte [Klett], S. 24 und S. 25; Putzger, Historischer Atlas, S. 92; dtv-Atlas zur Weltgeschichte, Bd. 2, S. 20 und S. 24; Fischer Weltgeschichte, Bd. 26, S. 89; Folie als Alternative). Der Gegensatz zwischen scheinbar mangelnder Qualität der Revolutionssoldaten und offensichtlichem militäri-

schen Erfolg dient als Einstiegsimpuls. Es ergibt sich die Frage: Warum sind die französischen Armeen erfolgreich, trotz schlechter Ausgangsbedingungen? Diese Frage ist gleichzeitig die Überschrift für das Tafelbild der 6. Stunde.
Im Anschluß an die Einstiegsphase wird eine Hektographie verteilt mit den Kennzeichen der Koalitionsarmeen und deren Kriegsführung. Die Schüler stellen diesen Aussagen schrittweise die erarbeiteten Erkenntnisse zur französischen Kriegsführung gegenüber.

Auf Folie oder Hektographie vorgegebene Punkte:
- Verteidigung fürstlicher Interessen (z. B. Wiederherstellung der privilegierten Stellung des Königs, des Adels)
- Kampf für Geld und Beute
- angeworbene oder gepreßte Söldner, Dienstgrad abhängig vom Stand
- starre Lineartaktik.

Unterrichtsschritt 2:
Die Umstände des Kriegsausbruchs

Der Lehrer stellt kurz den Inhalt des Manifestes des Herzogs von Braunschweig (26. 7. 92) vor: Keine Eroberungen, Befreiung der königlichen Familie, Rachedrohung, wenn Ihren Majestäten die mindeste Gewalt widerfährt, Nationalgardisten, die gegen die Verbündeten kämpfen, werden als Aufrührer bestraft (z. B. bei P. Hartig, Die Französische Revolution, Quelle 25; W. Grab [Hrsg.], Die Französische Revolution, a. a. O., S. 108 ff.). Dann erfolgt eine Kurzfassung der französischen Kriegserklärung (20. 4. 92) an Franz I. als König von Ungarn und Böhmen: Gerechte Verteidigung eines freien Volkes gegen den ungerechten Angriff eines Königs (z. B. bei P. Hartig, a. a. O., Quelle 24; W. Grab [Hrsg.], Die Französische Revolution, a. a. O., S. 101 f.).
Auf die Frage nach dem jeweiligen Kriegsgrund ist folgende Schülerantwort zu erwarten: Wiedereinsetzung der königlichen Familie in ihre vollen Rechte bzw. Verteidigung gegen einen Angriff. Zum Kriegsgrund Frankreichs sagt der Girondist Jacques Brissot: „Die Kraft der Überlegung und der Tatsachen hat mich davon überzeugt, daß ein Volk, das nach zehn Jahrhunderten der Sklaverei die Freiheit errungen hat, des Krieges bedarf. Es braucht den Krieg, um die Freiheit zu befestigen; es braucht ihn, um die Freiheit von den Lastern des Despotismus zu säubern; es braucht ihn, um aus seinem Schoß die Männer zu entfernen, die sie verderben könnten … Unsere Ehre, unser öffentliches Ansehen, die Notwendigkeit, unsere Revolution mit sittlichem Schwung zu erfüllen und sie zu festigen, das alles fordert uns dazu auf …“ (zitiert nach P. Hartig, a. a. O., Quelle 22 oder H. Krieger, Grundzüge der Geschichte, Bd. 3, Quelle 69).
Der Lehrer liest einige Passagen aus dem Text vor. Die Schüler werden dann aufgefordert, die wichtigsten Punkte dieser Rede zusammenzufassen: Das Volk bedarf des Krieges; es braucht ihn, um die Freiheit zu befestigen; es braucht ihn um der Ehre willen; um die Revolution mit neuem sittlichen Schwung zu erfüllen. Daran schließt sich die Frage: Warum ist der Krieg für Frankreich notwendig? Antwort: Zur Verteidigung der Revolution. An dieser Stelle können der Lehrer oder die Schüler auf den fast zwanghaften Charakter der französischen Kriegserklärung hinweisen.

Unterrichtsschritt 3:
Die Motivation der Revolutionssoldaten

Der Lehrer liest Auszüge eines Soldatenbriefes (Fragen an die Geschichte 3, S. 143, Quelle 37 oder H. Krieger, Grundzüge der Geschichte, Bd. 3, Quelle 72 oder F. Pietzker, Revolutionen des Bürgertums, Text 73). Die Frage ist: Warum erträgt dieser Soldat Entbehrungen, Hunger und Kälte? Er kämpft für Freiheit, Gleichheit, Brüderlichkeit, für die Ideale der Revolution, aber auch für Frankreich, sein Vaterland, für die Republik.

Der Lehrer zitiert ergänzend aus der Rede des Finanzministers Cambon vom 15. Dezember 1792 (P. Hartig, a. a. O., Quelle 30): ... „Krieg den Schlössern, Friede den Hütten! ... Alles, was Tyrann ist ... muß als Feind ... behandelt werden.“

Was heißt dies? Wofür, wogegen kämpfen die französischen Soldaten? Die Soldaten kämpfen für die Unterdrückten, für die Armen, gegen die Privilegierten, die Bevorrechtigten.

Alternative zu Unterrichtsschritt 3:
Behandlung der „Marseillaise“ (P. Hartig, a. a. O., Quelle 29; Zeiten und Menschen 3, S. 76; Fragen an die Geschichte 3, S. 143, Quelle 38; Grundzüge der Geschichte 3, Quelle 71; Schallplatte z. B.: Chants Patriotiques [Polyglotte]), aus der ebenfalls alle Elemente der Motivation erarbeitet werden können.)

Unterrichtsschritt 4:
Das neue Aushebungssystem – die Levée en masse

Zunächst sind die Gruppen der am Krieg Beteiligten einzugrenzen.

Der Lehrer trägt den Inhalt des Dekrets vom 23. 8. 1793 vor: Die jungen Männer sind zum Kampf verpflichtet, die Verheirateten schmieden Waffen, die Frauen fertigen Zelte und Kleider, die Kinder stellen Watte her, die Greise spornen die Krieger an (Fragen an die Geschichte 3, S. 143, Quelle 35; W. Grab [Hrsg.], Die Französische Revolution, a.a.O., S. 171ff.).

Was ist auffallend an dieser Verordnung?
- Alle Franzosen sind zum Wehrdienst verpflichtet.
- Jedermann, ob alt oder jung, Mann oder Frau, muß seinen Anteil leisten. Die gesamte Bevölkerung ist am Krieg beteiligt. Der Begriff Levée en masse (Massenaufgebot) muß hier eingeführt werden.

Ergänzung durch den Lehrer:
- Durch die allgemeine Wehrpflicht gelingt es auch, relativ schnell zahlenmäßig eine starke Armee aufzustellen (vgl. A. Soboul, Die Große Französische Revolution, Frankfurt 1973, Teil II, S. 318).

Der Lehrer fügt hinzu, daß man im neuen französischen Heer nach Leistung befördert wurde, daß auch ein bürgerlicher Soldat im Gegensatz zum Ancien régime Offizier werden konnte und daß die Offiziere zum Teil gewählt wurden (vgl. G. Pernoud u. S. Flaissier, Die Französische Revolution in Augenzeugenberichten, a. a. O., S. 184).

So wurde der Artilleriehauptmann Napoleon Bonaparte für Plan und Durchführung der Rückeroberung Toulons 1793 vom Konvent zum General befördert. Dieser Hinweis wird in der 10. Stunde wieder aufgenommen.

Unterrichtsschritt 5:
Die neue Taktik

Der Lehrer präsentiert eine Folie (s. S. 57) und gibt die dazu notwendigen Erläuterungen. Zum Beispiel: In der Schlacht kämpfen die Revolutionssoldaten nicht in langen starren Linien wie die Heere der Fürsten, sie bilden einzelne Kolonnen, die schnell vom einen zum anderen Flügel der Front eilen können. Um dem Artilleriefeuer zu entgehen, lösen sie die Kolonnen auf und bilden lose Schützenschwärme, wobei jeder Soldat Dekkung im Gelände sucht.

Dazu der Befehl Carnots an die Generale: „Die Hauptregel: In Massen und angriffsweise vorrücken, jede Gelegenheit ergreifen, um dem Feinde im Nahkampf mit dem Bajonett zu begegnen, ... den Feind bis zur völligen Vernichtung verfolgen“ (zitiert nach Geschichte, Lehrbuch für Klasse 7, Berlin 1974, S. 142 f.). Mögliche Frage dazu: Was sind die Unterschiede zwischen den beiden Taktiken? Als Stichwort wird an der Tafel ergänzt – flexible, aufgelöste Kampfweise; auch der

Vorschlag für eine Folie (zu Unterrichtsschritt 5)

Die Kampftaktik der Revolution

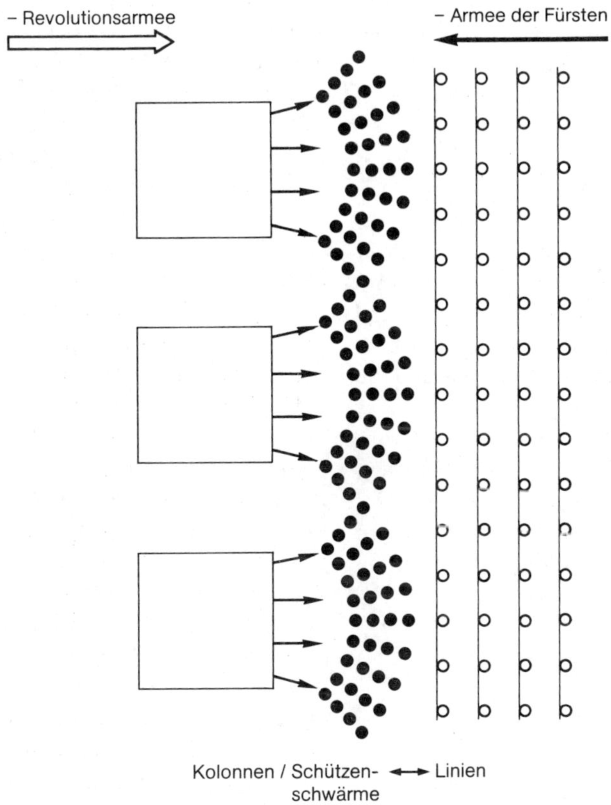

Aspekt Vernichtung kann kurz angesprochen werden.

Die Schüler werden dann aufgefordert, zusammenfassende Überschriften für die Kolumnen des Tafelbildes zu finden. Die Schüler machen Vorschläge, wie z. B. revolutionäres Volksheer gegen Söldnertruppe der Fürsten oder Volkskrieg gegen traditionellen Kabinettskrieg.

Unterrichtsschritt 6:
Die Konsequenzen des revolutionären Krieges

Welche Folgen hat diese neue Art der Kriegsführung?

- Der Krieg ist Sache des ganzen Volkes.
- Der Krieg mobilisiert die Kräfte aller.
- Der Krieg ist nicht Privatsache des Königs.

Der Lehrer kann hier auf eine für den Kabinettskrieg typische Äußerung Graf Schulenburgs vom 17. 10. 1806 hinweisen: … „Der König hat eine Bataille verloren …“ (Fragen an die Geschichte 3, S. 158, Quelle 1).

Der Krieg wird nationalistisch (die Revolutionssoldaten kämpfen für das *Vaterland*).

- Die ganze Bevölkerung ist gefühlsmäßig beteiligt.
- Der Krieg wird radikaler, aggressiver.
- Der Krieg greift in das Leben jedes einzelnen ein, er gibt jedem eine Aufgabe oder zwingt sie ihm auf (vgl. die Tätigkeit von St. Just, Fragen an die Geschichte 3, Quelle 36, S. 143).

Mögliche Hausaufgabe:

Goethe sagte bei Valmy, 20. September 1792: „Von hier aus und von heute beginnt eine neue Epoche der Weltgeschichte, und ihr könnt sagen, ihr seid dabei gewesen." Was meinte Goethe damit? Inwiefern hatte er recht?
Ist Unterrichtschritt 6 aus zeitlichen Gründen nicht oder nicht ganz durchführbar, dann kann folgende Hausaufgabe gestellt werden: Welche Folgen ergaben sich aus der neuen Kriegsführung für die Idee der Revolution und für den einzelnen Bürger?

Tafelbild:

Siehe Stundenblatt 6.

7. Stunde: Die Schreckensherrschaft / der Terror

Zur didaktischen Funktion:

In dieser Stunde über den Terror soll die Frage der staatlich tolerierten und sanktionierten, aber auch geförderten und ausgeübten Gewalt behandelt werden.
Der Terror kann auch als Krieg nach innen, als Gegenstück zum Krieg nach außen gesehen werden. Er ist insoweit Gewaltanwendung gegen die inneren Feinde der Revolution.

In manchen Geschichtsbüchern überwiegt die *Darstellung* der Schreckensherrschaft, während die Begründungen für den Terror, seine Funktionen, nicht eindeutig herausgearbeitet werden (z. B. Ebeling, Die Reise in die Vergangenheit, Bd. 3, S. 66f.). Damit wird der Terror zum alles überschattenden Ereignis der Revolution, zur Mitte der Revolution, und eine negative Sicht der Gesamtereignisse ist naheliegend.
In der wissenschaftlichen Literatur wird die Zeit der Schreckensherrschaft mehr als ein zeitweiliger Abschnitt im Gang der Revolution begriffen, als eine vorübergehende Phase. Er wird sogar in gewissem Sinne positiv beurteilt, als ein notwendiger Bestandteil bei der Verteidigung der Nation und der Revolution gegen die Rebellen und Verräter und als Voraussetzung für die Durchführung der Zwangswirtschaft, die zur Rettung der Nation notwendig war (vgl. A. Soboul, a. a. O., S. 353). Es wird auch darauf hingewiesen, daß der staatlich angeordnete Terror die Schreckensherrschaft sozusagen übersichtlicher und vorhersehbarer gemacht habe und daß der Terror Einschüchterungseffekte hatte gegenüber den Sansculotten und damit eine noch stärkere Radikalisierung verhinderte (vgl. Soboul, a. a. O., S. 350ff.).
In der Beurteilung der strukturanalytischen Schule, der wir uns anschließen, wird die Phase des Terrors als Abkommen der Revolution von ihren ursprünglichen Zielen gewertet. Durch die positive Rückkopplung erfährt der Pool der revolutionären Faktoren eine so starke Ausdehnung, daß die Ergebnisse der Revolution selbst durch die Terrorphase in Frage gestellt werden (im Strukturanalytischen Modell vergrößert sich die innere Kreisfläche).
In dieser Unterrichtsstunde wird schwerpunktartig die Begründung und Funktion des Terrors behandelt, daneben wird auf die Wirkung der Gewalt auf die Masse und die Einstellung der Masse zur Gewaltanwendung eingegangen. Soweit möglich wird versucht,

den psychologischen Aspekt des Terrors miteinzubeziehen. Falls die zur Verfügung stehende Unterrichtszeit dazu ausreicht, kann im Verlauf der Stunde auf die Bedeutung der Jakobiner und/oder die weitere Verfassungsentwicklung in Frankreich eingegangen werden.

Ziele der Stunde:

Die Schüler erkennen
- die Diskrepanz zwischen den Idealen der Revolution und der Realität des Terrors
- die Begründung des Terrors
- die Verhaltensweise der Beobachter der Hinrichtungen
- die Wirkung des Terrors.

Die Schüler erarbeiten
- aus Reden führender Revolutionäre und aus der Lagebeschreibung Frankreichs 1793/94 die Situation, in der Terror angewandt wird.

Die Schüler beurteilen
- die Problematik der Anwendung von Gewalt zur Durchsetzung von revolutionären Zielen einer Gruppe.

Verlaufsskizze:

Unterrichtsschritt 1:
Gegenüberstellung von Idealen und Wirklichkeit

Der Lehrer liest Auszüge aus der Rede Robespierres vor dem Konvent am 5. Februar 1794 vor, z. B.: „Was ist das Ziel der Freiheit und Gleichheit; die Herrschaft jener ewigen Gerechtigkeit? – Wir wollen eine Ordnung, in der jeder einzelne mit Stolz die Wohlfahrt und den Ruhm des Vaterlandes genießt" (vgl. Fragen an die Geschichte 3, S. 146, Quelle 49). Dann wird den Schülern eine Darstellung der Guillotine vorgelegt mit folgender Erläuterung: Ein Arzt namens Guillotin, der gegen die „mittelalterlichen" Hinrichtungsmethoden war, beantragte eine Reform des Strafvollzuges und empfahl für die Vollstreckung der Todesstrafe eine von ihm erfundene Maschine. Sie wurde auch gebaut, allerdings nach einem anderen Entwurf. Das zynische Wort von der „Sichel der Gleichheit" als Merkmal der Guillotine kann hier erwähnt werden (vgl. G. A. Williams, Artisans and Sansculottes, Surrey 1975, S. 39). Abbildungen der Guillotine findet man in fast jedem Geschichtsbuch. Die Darstellung einer Hinrichtungsszene auf einem Zierteller ist besonders eindrucksvoll (Fragen an die Geschichte 3, S. 125).
Am 10. Juni 1794 erläßt der Wohlfahrtsausschuß ein Gesetz. Einzelne Passagen daraus werden wiedergegeben: Ein öffentlicher Feind ist und wird mit dem Tode bestraft, wer durch List oder Gewalt die öffentliche Freiheit gefährdet, wer für die Wiederherstellung des Königtums eintritt, wer die Volksvertretung beleidigt, ... wer die Versorgung von Paris behindert, wer falsche Nachrichten verbreitet, wer die öffentlichen Sitten verdirbt usw. (vgl. Fragen an die Geschichte 3, S. 144, Quelle 41). Die offensichtliche Diskrepanz regt die Schüler zu eigenen Fragen an, wie z. B.: Warum kommt es zu Hinrichtungen, wo sich die Revolution doch auf Freiheit, Gleichheit und Brüderlichkeit beruft? Der Lehrer kann diese Frage auch zusätzlich provozieren etwa durch den Impuls: Einerseits Freiheit, Gerechtigkeit, Wohlfahrt – andrerseits Guillotine, Hinrichtungen, Verfolgungen!

Alternative zu Unterrichtsschritt 1: Aspekte der Schreckensherrschaft werden im Lehrervortrag dargestellt (vgl. W. Kleinknecht u. H. Krieger, a. a. O., S. 234 ff.).

Unterrichtsschritt 2:
Rechtfertigung bzw. Begründung des Terrors

Die Schüler bekommen Auszüge aus der Rede St. Justs im Konvent am 26. 2. 1794 (P.

Hartig, a.a.O., Quelle 45): „Wenn eine Republik von benachbarten Tyrannen in Erregung versetzt wird, dann braucht sie starke Gesetze; sie kann gegenüber den Anhängern ihrer Feinde keine Schonung walten lassen, und selbst nicht gegen die Gleichgültigen ... Eine Republik beruht auf der völligen Vernichtung all dessen, was sich ihr widersetzt ..." Des weiteren Auszüge aus eine Rede Marats (zitiert nach Fragen an die Geschichte 3, S. 145, Quelle 44): „Die Freiheit muß mit Gewalt eingeführt werden, und der Augenblick ist gekommen, vorübergehend den Despotismus der Freiheit zu errichten, um den Despotismus der Könige zu zerschlagen" (Alternative Quelle St. Just, Ausführungsbestimmungen zu den Ventôse Dekreten bei W. Grab [Hrsg.], Die Französische Revolution, a.a.O., S. 222–24).
Mögliche Frage: Wie wird die Vernichtung, der Despotismus, der Terror begründet?
Die zu erwartende Antwort heißt: Bedrohung der Republik, Bedrohung der Revolution. Sie ist ein Teil des Tafelanschriebs.
Woher kommt diese Bedrohung?
Eine Folie mit der vereinfachten Darstellung der innen- und außenpolitischen Lage 1793/94 soll die Bedrohung Frankreichs verdeutlichen (s. S. 61).

Zur Bedrohung von innen:

Aufstände in der Vendée, in der Bretagne, in Südfrankreich. Soboul spricht von Millionen von Verrätern innerhalb Frankreichs (vgl. A. Soboul, a.a.O., S. 231), etwa 60 von 89 Départements waren im Aufstand. Der Lehrer ergänzt Informationen zur Versorgungslage. Er kann z.B. über die Tätigkeit St. Justs berichten, der in 8 Tagen 5000 Paar Schuhe und 15000 Hemden beschlagnahmen ließ, der die Zahlungen für die Anleihen des Staates zum Teil auf die Art erzwang, daß er die Reichsten so lange auf der Guillotine festhalten ließ, bis sie ihren Anteil bezahlt hatten. Man kann auch hinweisen auf die prekäre Versorgungslage in Paris, wo sich jeden Morgen ab 3.00 Uhr die Frauen vor den Bäckerläden stauten (vgl. z.B. A. Soboul, a.a.O., S. 336ff; zur wirtschaftlichen Lage siehe auch 2. Unterrichtsstunde).

Zur Bedrohung von außen:

Preußische Truppen marschierten am 19. 8. 1792 in Frankreich ein. Am 2. September 1792 wird Verdun eingenommen. Im Februar 1793 ist Frankreich mit fast ganz Europa im Krieg.
Die staatlich legitimierte Gewaltanwendung dient also zunächst einmal der Abwehr der Bedrohung von innen und außen.

Unterrichtsschritt 3:
Die Wirkung des Terrors

Der Lehrer berichtet über das Verhalten der Zuschauer bei Hinrichtungen durch die Guillotine: Die Gehilfen des Henkers rufen der Zuschauermenge, wenn sie allzusehr drängt, grobe Scherze zu. Das Stammpublikum ist vollständig versammelt, der arbeitsscheue Pöbel der Vorstädte, einige Weiber, die kleine Schemel mitgebracht haben und sich nun mit Stricken die Wartezeit verkürzen (vgl. H. Ebeling, a.a.O., S. 67).

Als Alternative eignen sich z.B. auch Auszüge aus: G. Pernoud u. S. Flaissier, a.a.O., S. 319ff.

Mögliche Fragen:
- Wie reagieren die Zuschauer?
- Warum verhalten sie sich so?
- Warum werden Hinrichtungen überhaupt öffentlich vorgeführt?

Erwartete Schülerantworten:
- Zuschauen ist interessant, es befriedigt die Sensationslust.
- Es befriedigt Neid- und Rachegefühle.
- Die öffentliche Hinrichtung der Gegner der Revolution, also der Bösen, der Sündenböcke, hat Ventilfunktion.

Vorschlag für eine Folie (zu Unterrichtsschritt 2):

Bedrohung von innen und außen

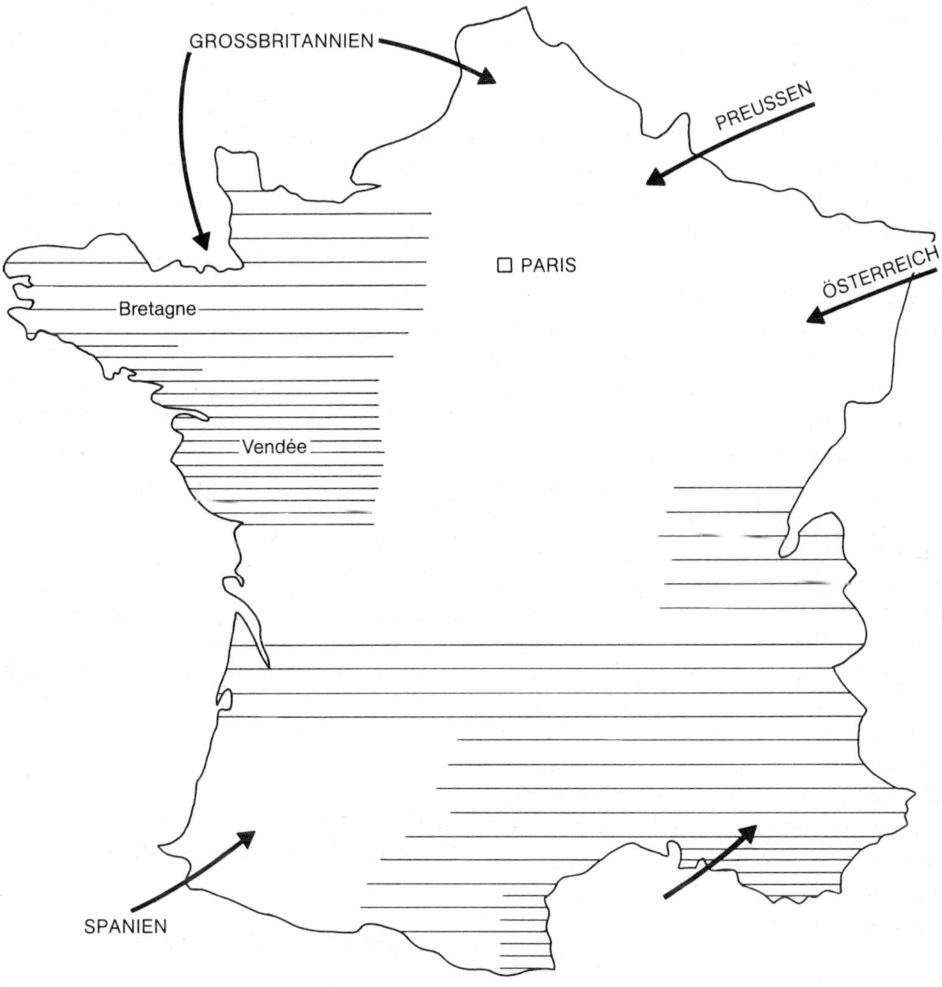

Vorschlag für eine Folie (zu Unterrichtsschritt 3):

Die Opfer der Revolution

Insgesamt ca. 35000–40000 Menschen. Nach anderen Schätzungen ca. 20000 Menschen.
Ca. 86% waren Mitglieder des Dritten Standes (bei einem Anteil von 98% an der Gesamtbevölkerung)
ca. 8,5% waren Mitglieder des Adels (Anteil an der Gesamtbevölkerung 1,4%)
ca. 6,5% waren Mitglieder des Klerus (Anteil an der Gesamtbevölkerung 0,5%)
(Zahlenangaben aus A. Kuhn, Die Französische Revolution, a. a. O., S. 80 f., und F. Pietzger, a. a. O., Text 78)

Mögliche Fragen: Was meint ihr zu diesen Zahlen, welche Gruppen sind überproportional betroffen?

– Sie dient der Ablenkung von den Unzulänglichkeiten der Revolution.
– Sie vermag Aggressionen zu entschärfen.
– Sie kann von der Revolutionsführung und ihren Problemen ablenken.

Um dem Vorurteil zu begegnen, nur Adlige oder Reiche waren Opfer der Guillotine, ist es notwendig, neben den absoluten Zahlen die Schichtzugehörigkeit der Opfer kurz darzustellen:

Folgende Schülerantworten sind denkbar:

1. Die Revolution fordert nicht so viele Opfer, wie man im allgemeinen annimmt (eine einzige militärische Schlacht kostete meistens mehr Opfer!).
2. Das „Beil der Gleichheit" richtete sich zwar gegen die Privilegierten aber auch gegen die Unterprivilegierten.

Daran wird die Frage geknüpft: Welchen Zweck hatten die Hinrichtungen – auf dem Hintergrund dieser Erkenntnis – auch noch? Antwort: Einschüchterung und Kontrolle der Masse. Die Zusatzinformation des Lehrers, daß auch Führer der Revolution wie etwa Danton, der Liebling des Volkes, hingerichtet wurden, könnte zur Feststellung führen, daß sich die Führer gegenseitig vernichteten („Die Revolution frißt ihre Kinder") oder daß die gerade führende Gruppe der Revolution die Gewalt benützte, um ihre eigene Stellung zu sichern.

Unterrichtsschritt 4:
Die Konsequenzen des Terrors

Der Darstellung und der Begründung der Anwendung von Gewalt schließt sich die Frage an, welche Folgen der Terror für den Gang der Revolution und für die einzelnen Menschen hatte.

Die Antworten könnten sein:

– *Einerseits* kann das totale unkontrollierte Chaos vermieden werden.
– Die Aufstände können niedergeschlagen werden.
– Die Revolutionsarmeen halten den Angriffen stand.
– Die Versorgungslage bessert sich.
– Die Revolution und ihre Errungenschaften können gerettet werden.
– *Andererseits* führt die systematische und staatlich sanktionierte Anwendung von Gewalt zur totalen Verunsicherung und Verängstigung der Menschen, zur Aufhebung der Menschenrechte, für deren Einführung sich die Revolution stark machte.

Mögliche Hausaufgabe:

Nimm Stellung zu der These: Eine Revolution muß Elemente der Gewalt enthalten. Alternative: Was meint der Satz: Die Revolution frißt ihre eigenen Kinder?

Mögliche Ergänzung:
Zu dieser Stunde ist eine Erweiterung möglich, in der sowohl auf die weitere Verfassungsentwicklung seit der Republik (Herrschaft des Konvents bzw. des Wohlfahrtsausschusses) als auch auf die Gruppe der Jakobiner näher eingegangen werden könnte.

8. Stunde: Revolutionäre Veränderungen

Zur didaktischen Funktion:

Es kann davon ausgegangen werden, daß die Schüler allem Neuen, allen neuen Errungenschaften von vornherein positiv gegenüberstehen; insofern kann das Thema Französische Revolution im allgemeinen und die Neuerungen im besonderen mit einer günstigen Motivationslage rechnen (vgl. G. Siebers, Psychologie der Revolution, Stuttgart 1976, S. 14ff.). In der 8. Stunde sollen nun einige Aspekte dieser neuen Zeit in den Mittelpunkt gestellt werden. Neben der Darstellung des Neuen soll aber auch eine kritische

und skeptische Betrachtung der revolutionären Neuerungen erreicht werden. Eine allgemeine Bewertung der Errungenschaften der Revolution erfolgt in der 10. Stunde. Es ist offensichtlich, daß gerade Äußerlichkeiten (wie zum Beispiel die Änderungen in der Mode oder in Dingen des alltäglichen Gebrauchs: statt der Kniehose – die lange Hose; statt der verspielten Mode des Zeitalters vor der Revolution – die einfache Kleidung der Revolutionszeit; statt Könige – Symbolfiguren der Revolution auf den Spielkarten) am ehesten im Gedächtnis haften bleiben. Gleichzeitig sind aber diese Veränderungen keine reinen Äußerlichkeiten, keine reinen Begleiterscheinungen der Revolution, sondern sie symbolisieren den Bruch mit der Tradition, den Wandel der Zeit.
Die hastige Übernahme von revolutionären Symbolen auch von Leuten, die sich nicht unbedingt mit den Zielen der Revolution identifizierten, zeigt die massenpsychologische Wirkung dieser Veränderungen. Die zeitweise fast krampfhafte Einführung der Neuerungen durch die revolutionären Führer zeigt das Bestreben, ihr Gedankengut fest in das Bewußtsein der Umwelt und Nachwelt einzugraben.
Das Material muß aus verschiedenen Lehrbüchern zusammengestellt werden. Sehr farbige Details mit vielen Abbildungen bringt das Buch: Zeitbild 1789–1794, das historische Nachrichtenmagazin, Hrsg. Hans Erik Hausner, Wien 1977.
Nachdem die Begriffe „revolutionär", „Revolution" und „Revolutionäre" in den vorhergehenden Stunden häufig aufgetaucht sind, soll in dieser Stunde, von den Veränderungen in allen Lebensbereichen ausgehend, der Begriff Revolution erklärt werden.

Ziele der Stunde:

Die Schüler erkennen,
- daß die Revolution etwas Neues schaffen will
- daß sich die Errungenschaften auf nahezu alle Lebensbereiche erstrecken
- daß auch auf dem grundlegenden Gebiet der Erziehung neue Vorstellungen verwirklicht werden sollen.

Die Schüler erarbeiten
- aus Lehrerinformationen und anhand eines Textes von St. Just das Andersartige und das Neue.

Die Schüler beurteilen
- die Konsequenzen dieser revolutionären Errungenschaften
- die Bedeutung des Versuchs, mit der Tradition zu brechen.

Verlaufsskizze:

Unterrichtsschritt 1:
Die neue Zeitrechnung

Den Schülern wird eine Folie mit dem neuen Kalender und der neuen Zeitrechnung gezeigt. Sie dient als Einstieg in das Thema – die neue Zeit (z.B. in: Menschen in ihrer Zeit, Bd. 3, Lehrerheft, S. 27).
Ergänzende Erläuterungen des Lehrers:
Der Monat zerfiel in 3 Dekaden mit je 10 Tagen. Der 5. und der 10. Tag waren Ruhetage. Die Jahreszählung begann am 22. Dezember 1792 mit dem Jahre I.
Mögliche Fragen: Was bedeutet dieser Kalender? Warum führte man einen neuen Kalender ein?
Die zu erwartenden Schülerantworten könnten lauten: Er bedeutet eine totale Abkehr von der in ganz Europa seit langem gültigen Zeitrechnung. Die Revolutionäre wollten etwas ganz Neues schaffen und damit das Alte, in diesem Fall den alten Kalender, beseitigen. Das führt zur Überschrift der 8. Stunde:
Revolution – Umwälzung; das Alte umstürzen – etwas Neues schaffen (s. Tafelbild zur 8. Stunde).

Vendémiaire	(22. September bis 21. Oktober)	=	Weinmonat
Brumaire	(22. Oktober bis 20. November)	=	Nebelmonat
Frimaire	(21. November bis 20. Dezember)	=	Reifmonat
Nivôse	(21. Dezember bis 19. Januar)	=	Schneemonat
Pluviôse	(20. Januar bis 18. Februar)	=	Regenmonat
Ventôse	(19. Februar bis 20. März)	=	Windmonat
Germinal	(21. März bis 19. April)	=	Keimmonat
Floréal	(20. April bis 19. Mai)	=	Blütenmonat
Prairial	(20. Mai bis 18. Juni)	=	Wiesenmonat
Messidor	(19. Juni bis 18. Juli)	=	Erntemonat
Thermidor	(29. Juli bis 17. August)	=	Hitzemonat
Fructidor	(18. August bis 16. September)	=	Fruchtmonat

Ergänzende fünf Festtage vom 17. September bis 21. September.

Das erste Beispiel kann gleich ergänzt werden: neuer Kalender, neue Zeitrechnung.

Ergänzung zu Unterrichtsschritt 1: Die neuen Festtage können genauer behandelt werden; die Problematik staatlicher Feiertage kann dabei angesprochen werden (vgl. die Rezension von J. Ehrard u. P. Viallanaix, Les Fêtes de la Révolution, in HZ 228, 1979, S. 706 f.).

Unterrichtsschritt 2:
Andere Neuerungen bzw. Errungenschaften der Revolution

Der Lehrer präsentiert die einzelnen Neuerungen auf den verschiedensten Gebieten, die möglichst viele Lebensbereiche abdecken sollten. Mit diesen Neuerungen wird das Tafelbild ergänzt. Je nach Neigung und Informationsgrad kann ein Gebiet in den Vordergrund gestellt werden, aber es ist nicht daran gedacht, durch Quellenstudium auf alle Bereiche einzugehen.
Der Lehrer zitiert aus einer Rede Robespierres vom 7. Mai 1794 (P. Hartig, a.a.O., Quelle 46): „Der wahre Priester des höchsten Wesens ist die Natur, sein Tempel das Weltall, sein Gottesdienst die Tugend", oder „Ohne Zwang, ohne Verfolgung sollen alle Sekten sich verschmelzen in der Naturreligion ..."
Die Frage hierzu heißt: Was fordert Robespierre?
Die mögliche Antwort dazu ist: Eine neue Religion.

Abbildungen von Frauen- und Männerkleidungen führen in den Bereich der veränderten Mode (Die Reise in die Vergangenheit 3, S. 66; Fragen an die Geschichte 3, S. 124, B 2 u. B 6; Zeitbild, a.a.O., S. 76, S. 125 f., S. 172). Der Lehrer sollte ergänzen, daß eine Einheitsuniform geplant war und daß die Farben schwarz und blau die Männerkleidung seit der Revolutionszeit prägten.
Daneben sind die polit-modischen Accessoires aufschlußreich: die phrygische Mütze und die Kokarde, die man als den ersten Aufkleber der Geschichte bezeichnen könnte. Parallelen zu ähnlichen Erscheinungen unserer Zeit – Mao-Look, Che-Guevara-Mütze etc. – ergeben sich aus Schülerkommentaren.
Es folgt die Erwähnung neuer Straßennamen, Personennamen und die neue Form der Anrede (Fragen an die Geschichte 3, S. 143). Zum Beispiel: statt Place Louis XV – Place de la Révolution, statt Notre Dame – Temple de la Raison; Louis-Républicain, Egalité oder Sansculotte als neue Vor- und Zusatznamen; statt Monsieur die Anrede citoyen, das revolutionäre Du. Schließlich wird noch auf ein scheinbar nebensächliches Gebiet hingewiesen, wie die Änderung des Aufdrucks bei Spielkarten (Zeiten und Menschen 3, S. 80, oder Funkkolleg Geschichte, Studienbegleitbrief 8, S. 62 f.).
Zu den einzelnen Punkten stellt der Lehrer folgende Fragen: Was fordert Robespierre, was sind die Unterschiede in der Kleidung,

was ändert sich im Sprachgebrauch, warum werden die Spielkarten geändert?
In den Antworten werden die jweiligen Neuerungen formuliert: neue Religion; neue Mode; neue Sprachschöpfungen/Modewörter; Neuerungen auch in nebensächlichen Bereichen.

Ergänzung zu Unterrichtsschritt 2: Anläßlich der Strafaktion gegen die Stadt Lyon erließ der Nationalkonvent folgendes Dekret: „... Art. 4 Der Name Lyon wird auf der Städtetafel der Republik gestrichen. Der Haufen gebliebener Häuser wird künftig ‚Befreite Stadt‘ genannt werden“ (zit. nach Spiegel der Zeiten 3, S. 90).

Unterrichtsschritt 3:
St. Just über die Erziehung

Der Text wird den Schülern in Auszügen vorgelegt, da man ihn in den meisten Lehrbüchern zur Mittelstufe nicht findet.
„Die Kinder gehören ihrer Mutter bis zum 5. Lebensjahr, danach gehören sie bis zu ihrem Tode der Republik. Das Kind, der Bürger, gehört dem Vaterland ... Die Disziplin in der Kindheit muß streng sein. Man soll die Kinder in der Liebe zum Schweigen erziehen ... Sie sollen knapp sprechen lernen ... Die Kinder ... brauchen ... nicht zu spielen, sondern sollen Übungen machen.
Die Jungen werden vom 5. bis zum 16. Jahr durch den Staat erzogen ..., auf dem Lande ... Die Kinder von 5 bis 10 lernen lesen, schreiben und schwimmen. Man darf die Kinder weder schlagen noch liebkosen. Man bringt ihnen das Gute bei, indem sie ein einfaches, naturgemäßes Leben führen. Die Kinder tragen zu allen Jahreszeiten Kleider aus Leinwand. Sie schlafen auf Matten ... Sie essen gemeinschaftlich. Ihre Nahrung besteht aus Wurzeln, Früchten, Gemüsen, Milchspeisen, Brot und Wasser ...
Die Erziehung der Kinder zwischen 10 und 16 Jahren liegt auf militärischem und landwirtschaftlichem Gebiet. Sie werden in Kompanien zu je 60 eingeteilt ...
Von 16 bis 20 Jahren lernen sie ein Gewerbe und erwählen einen Beruf. Sie werden bei den Bauern, in den Manufakturen oder im Handel und Verkehr ausgebildet.
Alle Kinder behalten dieselbe Uniform bis zum 16. Jahr; zwischen 16 und 20 tragen sie die Uniform der Arbeitenden, zwischen 21 und 25 die des Soldaten ...“ (zitiert nach Fragen an die Geschichte 3, S. 144, Quelle 39).
Nach der Lesephase folgt die Aufforderung, den Text kurz zusammenzufassen und dann die Frage zu beantworten: Was sind die Ziele dieser Erziehung?
Mögliche Antworten: Die Kinder einheitlich erziehen, sie im Sinne des Staates, im Sinne der Revolution erziehen. Hinter dieser Erziehungslehre steht also die Absicht, auch auf diesem zentralen Gebiet etwas Neues zu schaffen.
Anschließend an die Besprechung der verschiedenen Neuerungen soll der Begriff Revolution geklärt werden, wobei die Überschrift „Revolution = Umwälzung“ als Ausgangspunkt dient. Der Begriff könnte dann folgendermaßen definiert werden: Tiefgreifende Umwälzung des gesellschaftlichen und staatlichen Aufbaus, der Wertvorstellungen und der Lebensweise eines Landes (vgl. Unterrichtsschritt 1 der ersten Stunde).

Unterrichtsschritt 4:
Warum Neuerungen auf fast allen Lebensgebieten?

Im Unterrichtsschritt 4 soll nun die Begründung für das Neue erörtert werden.
Mögliche Fragen sind: Was wollen die Revolutionäre mit all diesen Maßnahmen erreichen? Warum wollen die Revolutionäre etwas Neues schaffen?
Die Antworten der Schüler können folgendermaßen lauten:
- Sie wollen sich ganz von der Zeit vor der Revolution absetzen
- sie wollen zeigen, daß die neue Zeit ganz anders ist

- sie wollen die revolutionären Errungenschaften festschreiben
- sie wollen damit auch die Nachwelt binden, sich verewigen, sich sozusagen ein Denkmal setzen.

Die Absichten der Revolutionäre werden auf der Nebentafel festgehalten.
Den Abschluß der Stunde leitet die Frage ein:
Welches sind die Gefahren dieses Denkens? – Die Ansicht, alles Neue ist gut, alles Alte ist schlecht. Die Feststellung, daß z. B. der neue Kalender 1806 wieder abgeschafft wurde (nach 14 Jahren!) zeigt, daß sich manche Neuerungen oder Errungenschaften sehr schnell überlebten, eben nur vorübergehender Art waren.

Mögliche Hausaufgabe:

Schlage im Lehrbuch oder in einem Lexikon den Begriff „Revolution" nach! Verfasse ein kurzes Referat über das Leben M. Robespierres (Aufgabe für einen Schüler, ebenfalls Lehrbuch oder Lexikon)!

9. Stunde: Maximilien Robespierre – Tyrann oder Volksfreund

Zur didaktischen Funktion:

Die Schüler haben in den vorausgegangenen Stunden sehr viel über Ereignisse und Hintergründe der Revolution erfahren, dabei sind immer wieder Namen führender Revolutionäre aufgetaucht, wie St. Just oder Marat, Danton oder Robespierre. In der 9. Stunde soll nun einer dieser Revolutionsführer genauer vorgestellt werden. Sie ist das Pendant zur 5. Stunde über Ludwig XVI., jener als Verkörperung des Ancien régime, dieser, nämlich Maximilien Robespierre, als Symbol für das Revolutionäre, das Neue.

Robespierre ist zweifellos eine der Hauptfiguren der Revolution; er wird bezeichnet als Meister oder Prophet der Revolution. Über ihn sind die meisten und extremen Urteile gefällt worden, sein Lebensweg ist unmittelbar mit dem Auf und Ab der revolutionären Entwicklungslinien verbunden.
Über die Behandlung historischer Personen gibt es nach wie vor kontroverse Meinungen. Die beiden Positionen sind: 1. Die Personen sind für die historische Entwicklung unerheblich, sie sind austauschbar. Gegenüber der Bedeutung sozialer und ökonomischer Faktoren, gegenüber der Bewegung der Massen treten sie völlig in den Hintergrund. 2. Die historischen Personen prägen der Zeit, in der sie leben, ihren persönlichen individuellen Stempel auf, insofern gestalten sie die Geschichte ihrer Zeit.
Der vorliegenden Stunde liegt eine gewissermaßen mittlere Position zugrunde: Die Behandlung einer Person bietet einmal Gelegenheit, weitere Aspekte der Revolution kennenzulernen; darüber hinaus können historische Personen als Menschen interessant sein, und sie erregen jenes Maß an Betroffenheit, das soziale und ökonomische Faktoren nicht immer erreichen (vgl. dazu E. Tienken, Die Persönlichkeit im Geschichtsbuch, in: H. Hoffacker/K. Hildebrandt, Bestandsaufnahme Geschichtsunterricht, Stuttgart 1973, S. 177 ff., und I. Geiss, Die Rolle der Persönlichkeit in der Geschichte, in: M. Bosch, Persönlichkeit und Struktur, Düsseldorf 1977, S. 16 ff.).
In den meisten Schulbüchern wird Robespierre negativ dargestellt, als Bösewicht, als Scharfmacher, als Organisator der Schreckensherrschaft, als Personifizierung des staatlichen Terrors (so z. B. in: Die Reise in die Vergangenheit 3, S. 66 f.; Zeiten und Menschen 3, S. 77 f.; Spiegel der Zeiten 3, S. 90 f.).
In der wissenschaftlichen Literatur ergibt sich ein differenzierteres Bild. Er war sicher nicht der Fürsprecher der Anwendung von

Gewalt schlechthin; so sprach er sich zum Beispiel zunächst gegen den Krieg aus, der ja ein den Terror fördernder Faktor war (Rede vom 2. Januar 1792, bei W. Grab [Hrsg.], Die Französische Revolution, a. a. O., S. 98), und er befürwortete die Anwendung von Gewalt nur notgedrungen, als die Ziele der Revolution gefährdet schienen (vgl. Rede vom 5. Februar 1794, P. Hartig, a. a. O., Quelle 44). Auch seine letzte Rede vor dem Konvent am 26.7.94 (vgl. W. Grab, a. a. O., S. 228–233) bestätigt diese Haltung. In der wissenschaftlichen Literatur werden seine Skrupel und seine Ideale betont, sein unbedingtes Eintreten für das Volkswohl, sein uneigennütziger Fanatismus (vgl. G. Rudé, Robespierre, New York 1976, S. 206 ff.; F. Sieburg, Robespierre, Stuttgart 1967, S. 105 f.). Sein Sturz sei von Leuten bewerkstelligt worden, die den Terror verlängern und nicht beenden wollten. Robespierre sei für seine Milde kritisiert worden und nicht für seine Strenge. Als Gründe für seinen Sturz werden hauptsächlich genannt die Selbstisolierung, die Entfremdung von der Basis der Sansculotten und die Angst der anderen Revolutionäre, die schließlich in Aggression gegen den Angstverbreiter umschlug (vgl. F. Sieburg, a. a. O., S. 316 ff.; G. Rudé, The Crowd in History, New York 1976, S. 132; A. Soboul, a. a. O., S. 324 ff.). In dieser Stunde soll mit den Schülern ein differenziertes Bild von Robespierre erarbeitet werden, die Schwierigkeit und der vorläufige Charakter eines solchen Urteils sollen bewußt gemacht werden.

Alternative zur gesamten Stunde:
1. Es ist möglich, bei entsprechender Erweiterung aus der vorliegenden Stunde zwei Unterrichtsstunden zu machen, der Einschnitt wäre nach Unterrichtsschritt 4 zu setzen.
2. Statt der Behandlung einer Person könnte man mehrere Revolutionsführer miteinander vergleichen, die Gruppe der Jakobiner behandeln oder die Herrschaft des Wohlfahrtsausschusses (vgl. 7. Stunde, Ergänzung).

Ziele der Stunde:

Die Schüler erkennen,
- daß neben sozialen und wirtschaftlichen Faktoren, neben der Bedeutung der Masse, auch die Einzelperson eine Rolle in der historischen Entwicklung spielt
- daß eine historische Person aus verschiedenen Perspektiven beurteilt werden muß
- daß das Urteil über Robespierre kontrovers ist.

Die Schüler erarbeiten
- aus Quellen zu den verschiedenen Perspektiven ein Bild von Robespierre.

Die Schüler beurteilen
- die Schwierigkeit der differenzierten Betrachtung einer historischen Person
- die Gefahren, die durch Machtkonzentration auf einen einzelnen oder eine kleine Gruppe entstehen.

Verlaufsskizze:

Unterrichtsschritt 1:

Die Führer der Revolution
Nach einer knappen Vorstellung des Themas wird entweder ein Dia oder ein Bild von Robespierre gezeigt (Die Französische Revolution, Jünger-Verlag, Dia 19; Menschen in ihrer Zeit 3, S. 77; Fragen an die Geschichte 3, S. 28; Spiegel der Zeiten 3, S. 91; Zeiten und Menschen 3, S. 76). Der Lehrer ergänzt Beschreibungen über dessen Äußeres: Er kleidet sich stets in einen braunen oder blauen Atlasrock, legt weiße Strümpfe an und geht auf Stöckelschuhen, sein Gesicht ist glattrasiert, seine Haare sorgfältig frisiert und gepudert, nie schmückt er sich mit der Jakobinermütze (vgl. W. Kleinknecht u. H. Krieger, a. a. O., Bd. 4, S. 229).
Die Schüler nehmen zum Äußeren und zum Auftreten Robespierres Stellung.

Ergänzung zu Unterrichtsschritt 1:
Neben Dia oder Bild von Robespierre kann auch eine Abbildung der Versammlung der Generalstände gezeigt werden (z. B. in: Menschen in ihrer Zeit 3, S. 64), verbunden mit dem Hinweis, Robespierre war von Anfang an dabei.

Unterrichtsschritt 2:
Wie erfährt man mehr über Robespierre?

Ein kurzes Schülerreferat über einen Teil des Lebens von Robespierre ermöglicht ein genaueres Bild. Es enthält folgende Punkte: 1758 in Arras geboren, Musterschüler, Rechtsanwalt, Abgeordneter des 3. Standes, wohnt bei einem Tischlermeister in Paris. Das weitere Vorgehen wird dann vom Lehrer erläutert. Untersuchung zur Person und zur Rolle Robespierres. Folgende Fragen sind zu stellen:

a) Was sagten die Zeitgenossen über ihn?
b) Was wollte er, und was tat er?
c) Was äußerte er selbst in seinen vielen Reden?

Diese Fragen werden an die Nebentafel geschrieben.

Unterrichtsschritt 3:
Robespierre – seine Wirkung auf andere, seine Taten, seine Reden

Die in Unterrichtsschritt 2 angesprochenen Themen werden in Form von Aufgaben an drei Gruppen vergeben. Die Schüler erhalten das jeweils notwendige Material auf einem Arbeitsblatt.

Hektographie/Gruppe A
- Mirabeau: „Der wird es weit bringen, denn er glaubt alles, was er sagt, und er hat keine Bedürfnisse"
- Collot d'Herbois sagte über ihn, daß er „den Weihwassergeruch eines Priesters, der gerade in die Sakristei kommt", verbreitete
- Danton meinte über Robespierre, er sei außerstande, die jetzt so modernen Bruderküsse auszutauschen, müsse er es dennoch tun, so „mit dem Gesicht einer Katze, die Essig getrunken habe"
- Ein deutscher Besucher bemerkt, daß sein Haushalt von extremer Bescheidenheit ist, daß er nur die Familie eines Tischlers um sich habe in dem Haus, in dem er seit seiner Ankunft in Paris wohne
- Ein englischer Beobachter schreibt: „... I tell you again he is beyond the reach of gold. I do not think he would have been bought at any period of the Revolution"

Aufgabe:
Erarbeite aus den Äußerungen der Zeitgenossen die persönlichen Eigenschaften Robespierres!

Hektographie/Gruppe B
- Herrschaft Robespierres von August 1793 bis Juni 1794
- Zahl der Hinrichtungen:

von März bis September 1793	–	518
von Oktober 1793 bis Mai 1794	–	10 812
von Juni bis Juli 1794	–	2 554
im August 1794	–	86

Bei dieser Aufgliederung sind nur 13 970 von insgesamt 30 000–40 000 erfaßt (Zahlenangaben aus Fragen an die Geschichte 3, S. 145).

Aufgabe:
Setze die Zahlenangaben in Beziehung zur Herrschaftszeit Robespierres; welche Schlüsse kann man daraus ziehen?

Hektographie/Gruppe C
Rede Robespierres vom 3. Dezember 1792:
„Was mich angeht, so verabscheue ich die Todesstrafe, und für Ludwig habe ich weder Haß noch Liebe; nur seine Missetaten hasse ich ... Aber ein entthronter König im Schoße einer Revolution, die noch weit davon entfernt ist, durch gerechte Gesetze verankert zu sein, ein König, dessen Name allein schon die Geißel des Krieges auf die erregte Nation herabbeschwört: dessen Dasein kann weder durch Haft noch Verbannung für das öffentliche Wohl gleichgültig werden. Mit Schmerz spreche ich die verhängnisvolle Wahrheit aus: es ist besser, daß Ludwig stirbt, als daß 100000 tugendhafte Bürger umkommen: Ludwig muß sterben, weil das Vaterland leben muß" (zitiert nach P. Hartig, a. a. O., Quelle 32; Alternative – letzte Rede Robespierres vor dem Konvent, 26. 7. 94, bei W. Grab [Hrsg.], Die Französische Revolution, a. a. O., S. 228 ff.).
Aufgabe:
Welche Ziele und Absichten kann man aus den Äußerungen Robespierres herauslesen?

Unterrichtsschritt 4:

Die Ergebnisse der Gruppenarbeit werden jeweils von einem Schüler vorgetragen und an der Tafel festgehalten (s. Tafelbild).

Unterrichtsschritt 5:
Unser Urteil – andere Urteile über Robespierre

Zunächst werden die erarbeiteten Eigenschaften, Taten und Vorstellungen durch die Schüler und/oder den Lehrer charakterisiert und kommentiert, dabei wird die Vorläufigkeit des Urteils deutlich.
Dann folgt die Vorstellung und Diskussion weiterer widersprüchlicher Urteile:
Einmal wird von ihm gesagt: Er trank das Blut seiner Opfer, aß das geröstete Fleisch von Priestern und ließ aus ihrer Haut Schuhe für die Sansculotten machen (vgl. G. Rudé, Robespierre, New York 1976, S. 205). In diesem Text wird Robespierre als blutrünstiger Tyrann dargestellt.
Ein anderes Urteil: Das Volk hatte niemals einen ernsthafteren Freund (vgl. G. Rudé, a. a. O., S. 62). Hier wird er also als Volksfreund bezeichnet. Diese kontroversen Urteile schließen das Tafelbild ab.
Daß man sich auch noch in unserer Zeit mit ihm beschäftigt und verschiedene Meinungen über ihn hat, zeigt ein Umfrageergebnis (Frankreich 1946):
34% sehen Robespierre positiv; 37% negativ, und 29% haben keine Meinung (vgl. G. Rudé, a. a. O., S. 86).
Der Lehrer ergänzt das heutige Urteil: Einerseits war er mitverantwortlich für den staatlichen Terror, andrerseits trat er konsequent für die Sache des Volkes ein.

Unterrichtsschritt 6:
Das Ende Robespierres

Robespierre ist am 27. Juli 1794 unter dem Jubel der Zuschauer mit seinen engsten Anhängern hingerichtet worden (Datum wird an der Tafel ergänzt; Abb. in: Die Reise in die Vergangenheit 3, S. 67). Warum jubelten die Zuschauer? Mögliche Antworten:
- weil sie erleichtert waren
- weil sie genug von der permanenten Unsicherheit hatten
- weil sie froh waren, daß sie ihn los wurden
- weil sie hofften, die Entwicklung würde sich jetzt beruhigen

Die Zusatzfrage lautet: Warum ist er gestürzt worden? Mit Hilfe von Ergänzungen durch den Lehrer, etwa über sein ungeschicktes Verhalten in den Julitagen des Jahres 1794, kann folgende Antwort möglich sein: Er hat sich selbst isoliert, der Basis entfremdet, er verbreitete so viel Angst in seiner Umgebung, daß die Bedrohten sich ihrerseits nur noch durch die Hinrichtung Robespierres retten zu können glaubten.

Mögliche Erweiterung:
Auswertung des Gedichtes „Robespierre" von Georg Heym (vgl. W. Hinck [Hrsg.], Geschichte im Gedicht, a.a.O., S. 166f.).

Mögliche Hausaufgabe:

Wie wird Maximilien Robespierre in unserem Lehrbuch dargestellt? oder: Informiere Dich im Lehrbuch über andere Führer der Revolution (Mirabeau, Danton, St. Just, *Napoleon*)!

Vorschlag für eine Hektographie

ROBESPIERRE
(Letzte Fassung)

Er meckert vor sich hin. Die Augen starren
Ins Wagenstroh. Der Mund kaut weißen Schleim.
Er zieht ihn schluckend durch die Backen ein.
Sein Fuß hängt nackt heraus durch zwei der Sparren.

Bei jedem Wagenstoß fliegt er nach oben.
Der Arme Ketten rasseln dann wie Schellen.
Man hört der Kinder frohes Lachen gellen,
Die ihre Mütter aus der Menge hoben.

Man kitzelt ihn am Bein, er merkt es nicht.
Da hält der Wagen. Er sieht auf und schaut
Am Straßenrande schwarz das Hochgericht.

Die aschengraue Stirn wird schweißbetaut.
Der Mund verzerrt sich furchtbar im Gesicht.
Man harrt des Schreis. Doch hört man keinen Laut.

Fragen zur Auswertung:
1. Wie wird Robespierre vom Dichter dargestellt?
2. Welches Verhalten zeigt die Volksmenge?
3. Welche Aussagen des Gedichtes entsprechen der historischen Wirklichkeit, welche nicht?

Hinweis für den Lehrer:
„Schellen" entspricht „Narrenschellen".
Die Jakobiner dokumentieren durch Mitführen von Schellen ihre Wachsamkeit Verrätern gegenüber.

10. Stunde: Napoleon oder die Beendigung der Revolution

Zur didaktischen Funktion:

Der Schwerpunkt der Stunde liegt nicht bei der Person Napoleons oder bei dem Napoleonischen System, diese Themen müssen in einer eigenen Unterrichtseinheit behandelt werden. Die Entwicklung vom Sturz Robespierres bis zur Kaiserkrönung Napoleons wird nur im Rahmen der Gesamtbetrachtung des Themas Französische Revolution erwähnt, es wird aber nicht näher auf sie eingegangen. Was das Ende der Revolution anbetrifft, so wird in dieser Darstellung davon ausgegangen, daß es durch zwei Daten markiert wird: 9.11.1799 (Staatsstreich) und 2.12.1804 (Napoleon krönt sich zum Kaiser der Franzosen). Die Diskussion über den Zeitpunkt des Abschlusses der Revolution wird in dieser Stunde ausgeklammert (vgl.

dazu E. Schmitt, War die Französische Revolution eine bürgerliche Revolution?, in: Politische Bildung 1977, Heft 3, S. 3ff.).

Im Mittelpunkt der Stunde steht ein Rückblick, eine chronologische Einordnung der wichtigsten Ereignisse, sie ist gleichzeitig Zusammenfassung und Wiederholung. Dabei soll der Versuch einer Gesamtschau der Französischen Revolution gemacht werden. Des weiteren soll mit Hilfe von graphischer Darstellung (vgl. dazu G. u. M. Dörr, Tafelbild und Tafelanschrieb im Geschichtsunterricht, GWU 1/1969, S. 17ff.) eine Linie in die Komplexität der Vorgänge gebracht werden. Es kann auf revolutionstypische Aspekte aufmerksam gemacht werden, die z.B. bei der Behandlung der deutschen Revolution von 1848 oder bei der zweiten Behandlung der französischen Revolution in der Sekundarstufe II wieder aufgegriffen und kritisch erweitert werden können. Durch das Abheben auf die verschiedenen Phasen der französischen Revolution wird eine für die Schüler vereinfachte Sichtweise angewandt, selbstverständlich wird damit nicht behauptet, daß so komplexe Gebilde wie Revolutionen nach einem starren Schema ablaufen (vgl. hierzu J. Gebhardt, Möglichkeiten und Mängel gegenwärtiger theoretischer Ansätze zur Erfassung des Phänomens der Revolution, in: Politische Bildung, 1977/Heft 3, S. 91ff.).

In dieser Stunde soll genügend Zeit sein, sich über die Errungenschaften der Revolution Klarheit zu verschaffen, sie zu werten und zu diskutieren, deshalb wird auf Quellenarbeit bewußt verzichtet, wie auch auf die Stimmen der Nachwelt über die französische Revolution (vgl. P. Hartig, Die französische Revolution im Urteil der Zeitgenossen und der Nachwelt, a.a.O.).

Die Schüler sollen Gelegenheit bekommen, ihre Art der Interpretation der französischen Revolution zu finden; diese Schülermeinung ist wichtig auch als Rückkoppelung für die Unterrichtseinheit, die ja nur auf einige Punkte der Revolution eingehen konnte.

Man könnte die französische Revolution an ihren Zielen messen – Freiheit, Gleichheit, Brüderlichkeit, oder die Ziele und deren Erfüllung kontrastieren. Wir haben bewußt darauf verzichtet und lassen die Schüler vielmehr konkrete Errungenschaften herausfinden und diskutieren. Ein Vergleich der abstrakten Ziele mit den tatsächlichen Errungenschaften ist eher Aufgabe der Sekundarstufe II.

Ziele der Stunde:

Die Schüler erkennen,
- daß die Revolution nicht ein einmaliger Akt ist, sondern ein kompliziertes Geflecht von Ereignissen, eine Entwicklung
- daß nach dem Sturz des Königtums und dem Versuch der Gruppenherrschaft wieder die Herrschaft eines einzelnen errichtet wird.

Die Schüler erarbeiten
- anhand von graphischen Darstellungen den charakteristischen Verlauf der Revolution.

Die Schüler beurteilen,
- inwieweit bleibende Errungenschaften zu verzeichnen sind
- den Wert dieser revolutionären Errungenschaften.

Verlaufsskizze:

Unterrichtsschritt 1:
Die Revolution ist beendet

Der Lehrer zitiert aus der von Napoleon verfaßten Einführungsproklamation zur Konsulatsverfassung vom 13. 12. 1799 (im Jahre 8 der Revolution): „Die Revolution ist auf die Grundsätze gebracht, von denen sie ausgegangen ist, sie ist beendet“ (zitiert nach P.

Hartig, a. a. O., S. 63). Alternativ könnte die Proklamation der Konsulen vom 15. 12. 1799 zitiert werden (vgl. W. Grab [Hrsg.], Die Französische Revolution, a. a. O., S. 300 f.). Frage: Was meint ihr dazu? Mögliche Antworten: Einmal muß Schluß sein; das kommt etwas überraschend; warum ist die Revolution denn nun plötzlich zu Ende?

Als Alternative zum Zitat über das „Ende der Revolution" könnte ein Bild aus dem Lehrbuch über die Kaiserkrönung Napoleons eingesetzt werden (z. B. Menschen in ihrer Zeit, Bd. 3, S. 81).

Unterrichtsschritt 2:
Der Verlauf der Revolution

Der Lehrer informiert über die Absicht, den Gesamtverlauf der Revolution zu charakterisieren. Dann wird eine Hektographie ausgeteilt, auf der der Verlauf graphisch dargestellt ist. Eine entsprechende Darstellung wird über eine Folie gezeigt (Graphik I, s. S. 74). Dann wird folgende Frage gestellt: Was fällt an dieser Darstellung des Ablaufs der Revolution auf? Bei Bedarf können Hilfsfragen gestellt werden, wie z. B.: Was fällt an der Herrschaftszeit Robespierres auf?
Mögliche Antworten der Schüler:

- Die Dichte der Ereignisse im 1. Abschnitt der Revolution fällt auf.
- Die Revolution besteht überhaupt aus verschiedenen Abschnitten oder Phasen.
- 1. gemäßigte Phase, 2. radikale Phase (sie war relativ kurz), 3. gemäßigte Phase.
- Die Kurve, die die Entwicklung der Revolution darstellt, kehrt wieder auf die ursprüngliche Zeitlinie zurück.

Die Schüler erhalten dann eine zweite Graphik, in der, durch Symbole ausgedrückt, die Entwicklung der politischen Ordnung dargestellt wird (Graphik II, s. S. 74).
Die Schüler ergänzen diese symbolhafte Darstellung der Verfassungsentwicklung mit Hilfe von Graphik I oder/und der Zeittafel. Die Aufforderung dazu lautet: Charakterisiere die verfassungsmäßige Entwicklung im Zuge der Französischen Revolution! Die Schüler werden die Entwicklung von der Einmannherrschaft eines absoluten Königs über konstitutionelle Monarchie, Republik, Herrschaft eines Gremiums (Wohlfahrtsausschuß) oder eines Mannes (Robespierre) zur Wiederbegründung einer Monarchie (Napoleon, Kaiser der Franzosen) erkennen. Sie werden sowohl in Graphik I als auch in Graphik II eine Art Rückkehr zum Ausgangspunkt feststellen.

Ergänzung zu Unterrichtsschritt 2: Die Frage nach den Gründen der erneuten Alleinherrschaft in Frankreich kann hier angefügt werden. Die zu erwartenden Antworten sind: Notsituation, Bedürfnis nach Ruhe und Ordnung, Ruf nach dem starken Mann.

Unterrichtsschritt 3:
Die Revolution und Napoleon

Die Schüler kommen wahrscheinlich selbst auf Äußerungen wie: dann war ja alles umsonst, die Hoffnungen, die Ideale, Ängste und Leiden, überhaupt die ganze Revolution! Daran schließt sich ein kurzer Lehrervortrag an, evtl. erweitert durch ein knappes Schülerreferat über Napoleons Herkunft (Material z. B. bei R. Stielow, Napoleon und der Aufstand Europas, Mainz 1967). Wichtig ist die Feststellung, daß Napoleon aus dem Volke kam, sich emporgearbeitet hat.
Weitere Ergänzungen des Lehrers: Napoleon trägt den Titel „Kaiser der Franzosen" erst nach einer *Volksabstimmung* (3 572 329 ja – 2579 nein, allerdings 4 Millionen Enthaltungen). Er schwört, die „Unversehrtheit der Republik zu erhalten" (P. Hartig, a. a. O., S. 64). Napoleon behält wichtige Errungenschaften der Revolution bei. Die Kennzeichen der Herkunft und des Titels Napoleons werden an die Nebentafel geschrieben (s. Tafelbild 10. Stunde), die Schüler ergänzen für Ludwig XVI. – aus königlicher Familie; König von Frankreich von Gottes Gnaden.

Unterrichtsschritt 4:
Die Errungenschaften der Revolution

Wir haben von Errungenschaften gesprochen, die Napoleon beibehielt. Welche Errungenschaften sind das? Was ist überhaupt in und mit der Revolution erreicht worden? Neben diesen Sammelfragen sollte der Lehrer weitere Fragen oder Impulse geben. Zum Beispiel:

- Wie hat sich die Lage der Bauern verändert?
- Was ist aus der privilegierten Stellung des Adels und der Geistlichkeit geworden?
- Was ist mit dem König passiert?
- Was ist in der Verfassungsentwicklung erreicht worden?
- Welche Rolle spielte die Masse?
- Vor der Revolution regierte nur der König, es gab keinerlei politisches Mitspracherecht des Volkes.
- Welche Ideen wurden in der Revolution artikuliert und teilweise durchgesetzt?
- 1830 brach erneut eine Revolution in Paris aus, 1848 ebenfalls und in vielen anderen Ländern Europas auch, z.B. in Deutschland und Österreich.

Die Antworten auf die Fragen werden an der Tafel festgehalten und den Bereichen Wirtschaft, Gesellschaft, Politik und Ideen zugeordnet (s. Tafelbild).
Den Abschluß der Stunde und damit der Unterrichtseinheit bildet ein Unterrichtsgespräch über die Wertung der Errungenschaften der Revolution. Es kann von folgenden Leitfragen ausgehen: Hat sich die Revolution „gelohnt“, oder war sie umsonst? Gab es zur Revolution eine Alternative?

Mögliche Antworten:

Ja, sie hat sich gelohnt, denn auf verschiedenen Gebieten wurden wesentliche Fortschritte erzielt, wenn auch unter großen Opfern (s. Errungenschaften). Theoretisch ja, aber die Privilegierten verzichteten nicht rechtzeitig auf ihre Vorrechte; Reformen wurden überhaupt zu spät ins Auge gefaßt und vor 1789 nicht durchgeführt.

Alternative oder Erweiterung zu Unterrichtsschritt 4:
Statt der Diskussion der Errungenschaften der Revolution kann auch das in der zweiten Stunde eingesetzte Arbeitsblatt wiederaufgenommen werden, es kann auch zusätzlich zu dem in Unterrichtsschritt 4 vorgeschlagenen Verfahren Verwendung finden (s. Vorschlag für ein Arbeitsblatt „Aufhebung revolutionärer Faktoren“; s. S. 75); die Personen und Personengruppen werden vorgegeben, die Aussagen über ihre Situation nach der Revolution von den Schülern ergänzt.
Die Schüler werden aufgefordert, die revolutionären Errungenschaften einzutragen. Als Ergebnis wird festgestellt: Der Pool revolutionärer Faktoren hat sich weitgehend geleert, es ist aber ein „revolutionärer Rest“ übriggeblieben. Diese Erkenntnis kann in späteren Unterrichtseinheiten, z.B. „Revolution von 1848“ oder „Industrielle Revolution“, wiederaufgenommen werden.

Vorschlag für eine Folie/ein Arbeitsblatt (Unterrichtsschritt 2)

Graphik I: Der Verlauf der Französischen Revolution

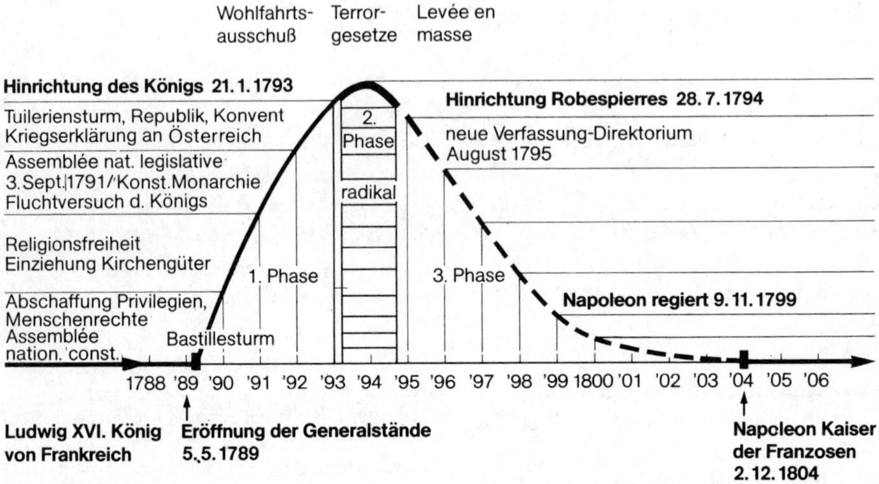

Die **fettgedruckten** Daten sind eingetragen, die Schüler ergänzen die übrigen aus dem Lehrbuch, nach dem Vortrag des Lehrers oder nach der angeschlossenen Zeittafel.

Vorschlag für eine Folie/ein Arbeitsblatt (Unterrichtsschritt 2)

Graphik II: Von Ludwig XVI. zu Napoleon I.

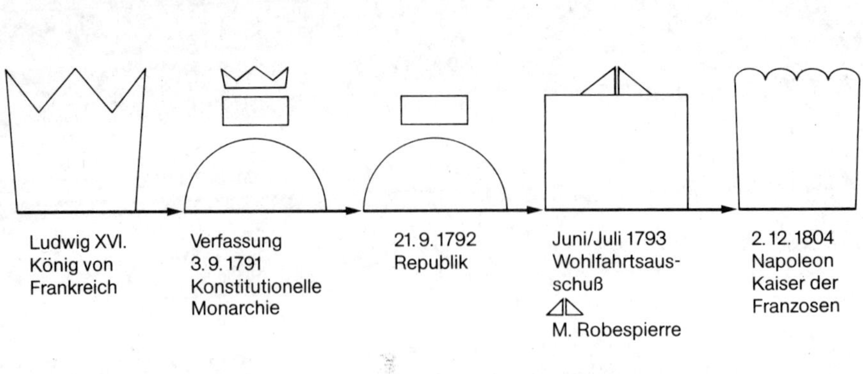

Vorschlag für ein Arbeitsblatt / eine Hektographie (Unterrichtsschritt 4)

Aufhebung revolutionärer Faktoren

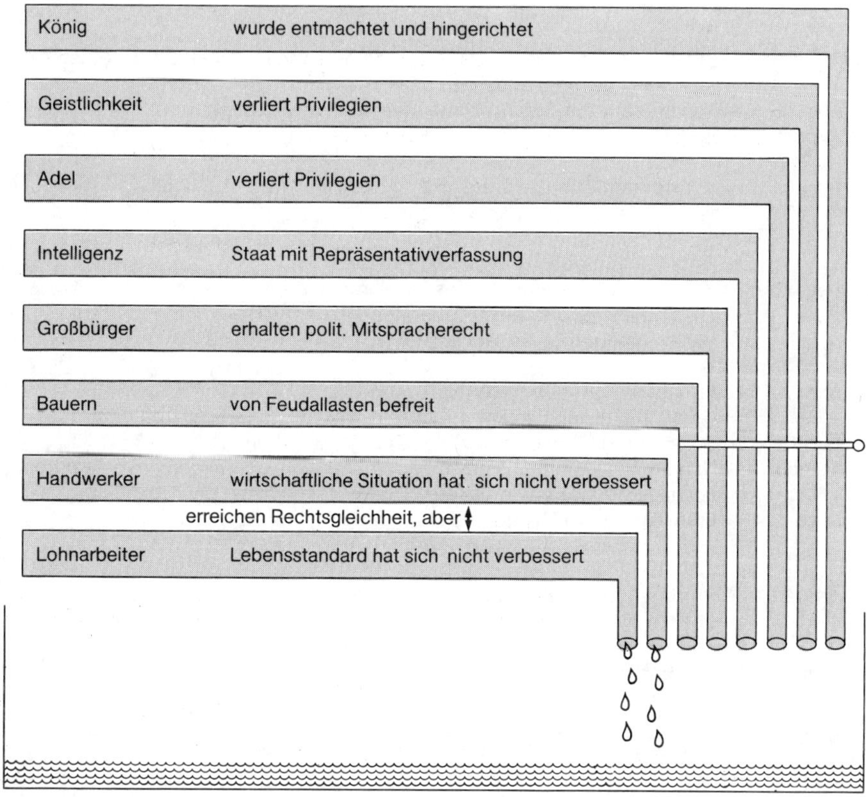

Der Pool revolutionärer Faktoren hat sich weitgehend geleert, ein Rest ist übriggeblieben.

Daten zur Französischen Revolution
(zur Ergänzung der Verlaufskurve und als allgemeine Orientierungshilfe)

1789	5. Mai	– Zusammentritt der Generalstände
	17. Juni	– Generalstände erklären sich zur verfassunggebenden Nationalversammlung (Assemblée nationale constituante)
	20. Juni	– Der Ballhausschwur
	14. Juli	– Sturm auf die Bastille (Pariser Stadtgefängnis), Auftakt zum Aufstand in Stadt und Land (grande peur)
	4. August	– Beseitigung der Feudalrechte und Steuerprivilegien
	26. August	– Erklärung der Menschen- und Bürgerrechte
1790	April–Juni	– 83 Departements, Verstaatlichung des Schulwesens, allgemeine Religionsfreiheit, Einziehung der Kirchengüter
1791	Juni	– Fluchtversuch der königlichen Familie
	3. September	– Verabschiedung einer Verfassung (konstitutionelle Monarchie)
	Oktober	– Zusammentritt der gesetzgebenden Nationalversammlung (Assemblée nationale legislative)
1792	20. April	– Kriegserklärung an Österreich (1792–97 1. Koalitionskrieg – Österreich, Preußen, England)
	10. August	– Sturm auf die Tuilerien (königliches Stadtschloß)
	September	– Neue gesetzgebende Versammlung, der Konvent (allgemeines Wahlrecht, ausgenommen Feinde der Revolution; Girondisten und Jakobiner)
	21. Sept.	– Frankreich wird Republik
1793	21. Januar	– Hinrichtung des Königs
	ab Juni/Juli	– übt der Wohlfahrtsausschuß die Regierungsgewalt aus, an seiner Spitze St. Just und Robespierre
	10. Juni	– Das berüchtigtste aller Terrorgesetze
	23. August	– Die Levée en masse
	29. Sept.	– Festlegung von Preisen und Löhnen (Gesetz des Maximums)
	16. Oktober	– Hinrichtung von Marie-Antoinette
	Dezember	– Schließung der Kirchen
1794	27. Juli	– Hinrichtung Robespierres und St. Justs
1795	August	– Eine neue Verfassung (Regierung: Direktorium; Wahlrecht für die Besitzenden – Zensuswahlrecht)
1799	9. Nov.	– Napoleon übernimmt Regierungsgewalt
	1799–1802	– 2. Koalitionskrieg (England, Rußland, Österreich)
1804	2. Dezember	– Napoleon krönt sich zum Kaiser der Franzosen